INSEKTORAMA

Europäische
Ausgabe

insekt-

Ableitung vom lateinischen
Wort *insectum* (eingeschnitten).

-orama

Ableitung vom griechischen
Wort *hórama* (Sicht).

INSEKTORAMA
Entdecke und beobachte die faszinierende Welt der Insekten

Texte, Illustrationen und Layout:
Lisa Voisard · www.lisavoisard.ch

Unterstützung bei der Materialsammlung
und wissenschaftliches Lektorat:
Gaël Pétremand, Entomologe

Satz: Ewelina Proczko

Übersetzung aus dem Französischen: Bianka Kraus
Lektorat: Myriam Sauter
Korrektorat: Ulrike Ebenritter

ISBN: 978-3-03964-006-5
Erstausgabe: Mai 2023
Hinterlegung eines Pflichtexemplars
in der Schweiz: Mai 2023
Gedruckt in Lettland

FSC
www.fsc.org
MIX
Papier aus verantwor-
tungsvollen Quellen
FSC® C008322

Der Verlag HELVETIQ wird vom Bundesamt
für Kultur mit einem Strukturbeitrag
für die Jahre 2021–2025 unterstützt.

Herausgegeben mit der Unterstützung von:

Ville de Lausanne
Service des bibliothèques
& archives

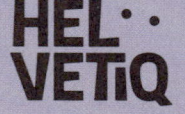

helvetiq.com

Cover: Gemeine Feuerwanze
Rückseite: Admiral, Schwalbenschwanzraupe, Hainschwebfliege,
Orchideenmantis, Hirschkäfer, Schwammspinner

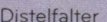

Distelfalter

Lisa Voisard

INSEKTORAMA

Entdecke und beobachte die faszinierende Welt der Insekten

Aus dem Französischen von Bianka Kraus

Inhalt

Große Königslibelle

1 Porträts

2 Los geht's!

3 Das Leben der Insekten

Taubenschwänzchen

Was ist ein Insekt?

Eine krabbelige Geschichte

Insekten gehören zur großen Familie der Gliederfüßer wie Spinnen, Kellerasseln, Tausendfüßler, Skorpione und Krebse. Aber nur die kleinen Tierchen mit **sechs Beinen** sind tatsächlich Insekten. Sie sind die einzigen wirbellosen Tiere, die fliegen können.

Wir sind keine Insekten!

Spektakuläre Verwandlung

In der Tierwelt sind Insekten die Meister der Verwandlung (Metamorphose). Aus einem **Ei** entsteht eine **Larve**, die sich zu einer **Puppe** und schließlich zu einer **Imago** (ausgewachsenes Insekt) entwickelt. Mehrere ausgewachsene Insekten zusammen heißen **Imagines**.

Geringe Größe

Diese winzig kleinen Tierchen leben in ganz anderen Größenordnungen als wir. Sie zu beobachten erfordert daher etwas Aufmerksamkeit!

Insekten

Wirbeltiere

Andere Wirbellose

Zahlreiche Wesen

Auch wenn sie winzig sind und sich gut verstecken können, stellen Insekten 85 % der Tierwelt dar. Bis heute gibt es etwa 1,3 Millionen bekannte und lebende Arten. Und jedes Jahr werden etwa 10 000 neue Insektenarten entdeckt! Die Ordnungen der Käfer und Schmetterlinge sind dabei die vielfältigsten Insektengruppen.

Seit langer Zeit auf Erden

Mit ihren Überlebensstrategien und einer ausgefeilten sozialen Struktur, körperlicher Widerstandsfähigkeit und einer raschen Anpassung an Veränderungen in der Umwelt konnten sich Insekten für sehr lange Zeit ihr Überleben auf der Erde sichern. Die ältesten Fossilien von Insekten gehen auf 300 Millionen Jahre zurück – das ist noch vor der Zeit der Dinosaurier!

Anatomie eines Insekts

Der Körper von Insekten besteht aus drei Teilen: Kopf, Brust und Hinterleib. Insekten haben alle sechs Beine, zwei Fühler und oft ein oder zwei Paar Flügel.

Flügel

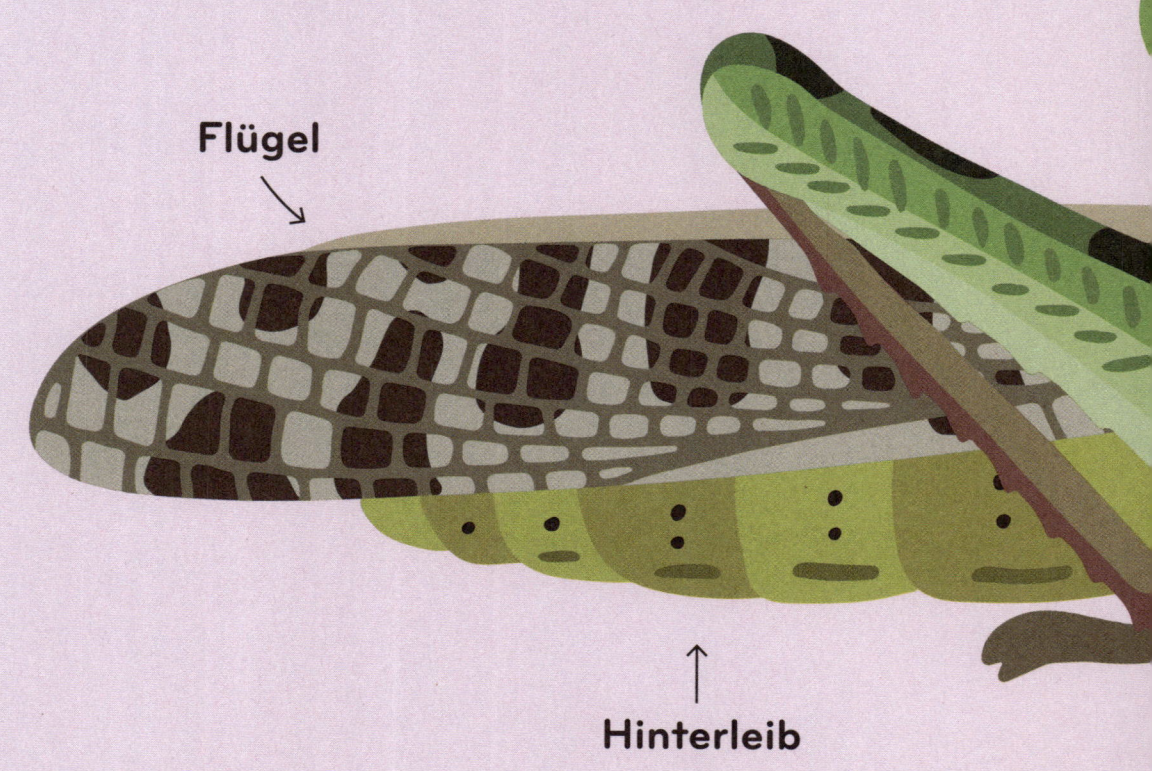

Hinterleib

Sehsinn

Insekten haben einen gut ausgebildeten Sehsinn: Sie besitzen meistens zwei Facettenaugen, die Licht aufnehmen und einen Rundumblick ermöglichen. Zwischen diesen beiden Augen befinden sich oft auch Punktaugen, die kleiner sind und mit denen sie Hell von Dunkel unterscheiden können (zum Beispiel bei Libellen, Bienen und Grashüpfern).

Hörsinn

Die Hörorgane der Insekten befinden sich an ungewöhnlichen Stellen. Grillen und Laubheuschrecken besitzen sie an den Vorderbeinen, Grashüpfer und Zikaden am Hinterleib, Mücken an ihren Fühlern und Florfliegen an der Basis ihrer Flügel! Diejenigen, die nicht hören können, nehmen dafür Vibrationen wahr.

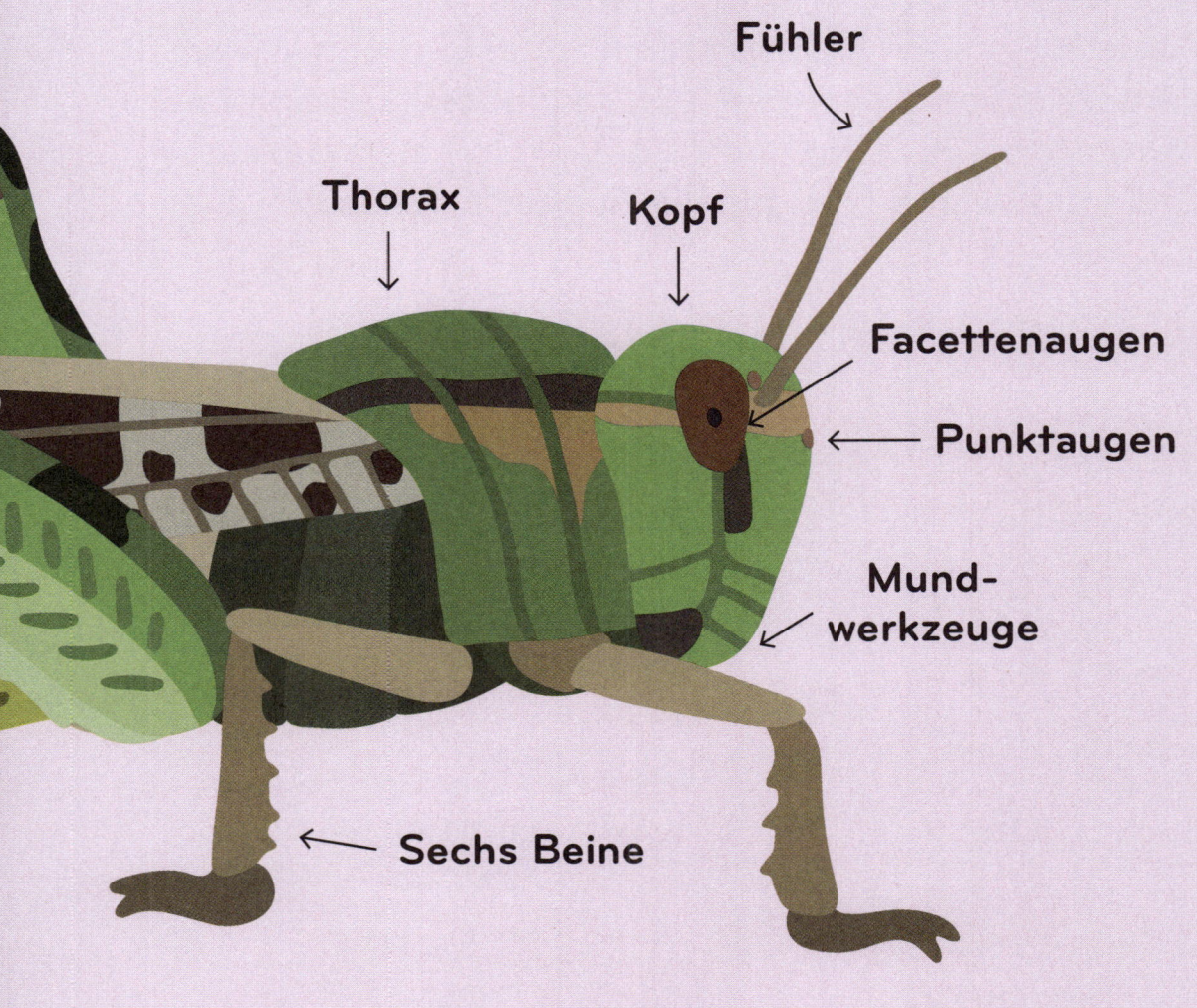

Fühler

Thorax

Kopf

Facettenaugen

Punktaugen

**Mund-
werkzeuge**

Sechs Beine

Geschmackssinn

Mithilfe der Mundwerkzeuge können Insekten ihre Nahrung kosten und aufnehmen. Schmetterlinge und Fliegen können aber auch mit ihren Beinen schmecken.

Geruchssinn

Oft dienen die Fühler als »Nase«. Nachtfalter können dank ihrer gefiederten Fühler Gerüche kilometerweit wahrnehmen.

Tastsinn

Insekten sind mit feinen Sinneshärchen bedeckt, mit denen sie tasten und ihre Umgebung erkunden können. Diese Härchen befinden sich fast am ganzen Körper, vor allem aber an den Beinen, den Fühlern, an den Flügeln und am Kopf.

Insektenordnungen

Marienkäfer, Libellen und Ameisen sind Insekten. Allerdings sehen sie nicht gleich aus! Um sich besser zurechtfinden zu können, teilt man Insekten nach ihrer Körperform in Ordnungen ein. Von den etwa dreißig Ordnungen sind hier die wichtigsten aufgelistet:

Deck-
flügel →

Käfer

Marienkäfer, Blatthornkäfer, Bockkäfer

300 000 Arten

Diese Insekten besitzen zwei verhärtete und verdickte Flügel (Deckflügel), die zwei feine Flügel (Membranflügel) bedecken. Mithilfe der Deckflügel können Insekten im Flug ihr Gleichgewicht halten und mit den Membranflügeln können sie sich fortbewegen und fliegen. Die Mundwerkzeuge, mit denen sie ihre Nahrung zerkleinern, sind oftmals kräftig. Die Käferarten besitzen äußerst vielfältige Farben und Muster.

**Spiralförmiger
Saugrüssel**
↓

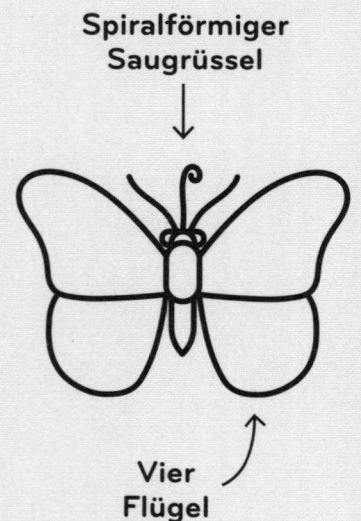

Vier
Flügel ↗

Schmetterlinge

Falter, Schmetterlinge

160 000 Arten

Schmetterlinge haben vier Flügel, die mit winzigen Schuppen bedeckt sind und bei Tagfaltern oftmals beeindruckend aussehen. Die Vielfalt der Farben und Muster ist unendlich. Diese Insekten sammeln mithilfe eines Saugrüssels, der sich in Ruhe spiralförmig zusammenrollt, Nektar und Pollen und bestäuben so die Blüten von Pflanzen.

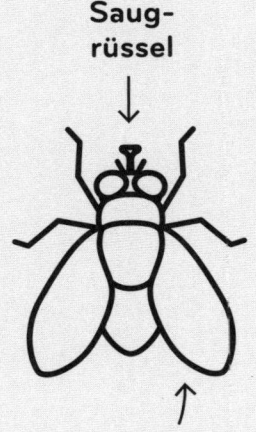

Saug-
rüssel

↓

↑

Zwei sichtbare und
ausgebildete Flügel

Zweiflügler

Fliegen, Mücken, Schwebfliegen

150 000 Arten

Diese Insekten besitzen, wie der Name sagt, zwei
Flügel, das heißt ein Flügelpaar. Ihr zweites Paar Flügel
ist im Laufe der Evolution verkümmert und dient als
Gleichgewichtsorgan. Zweiflügler haben oft einen
Saugrüssel, mit dem sie ihre Nahrung aufnehmen.
Sie spielen eine wichtige Rolle bei der Bestäubung von
Pflanzen und Verwertung von Pflanzen- und Tierresten.

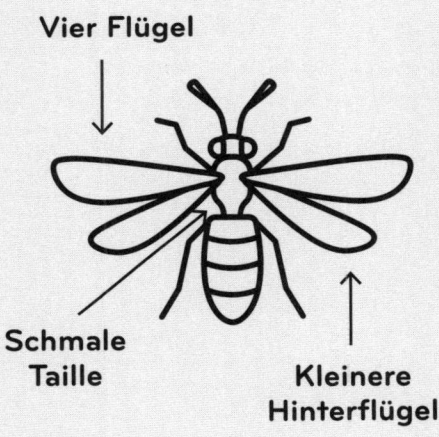

Vier Flügel

↓

Schmale
Taille

↑

Kleinere
Hinterflügel

Hautflügler

Bienen, Wespen, Ameisen

120 000 Arten

Anhand ihrer schmalen Taille und vier Flügel
unterscheiden sich die Hautflügler von den Zweiflüglern.
Diese Bestäuber sind manchmal soziale Insekten,
die zusammen mit vielen anderen in Kolonien leben.

Rüsselansatz

**Sichtbare
Membranflügel**

Schnabelkerfe
Pflanzenläuse, Wanzen, Zikaden

100 000 Arten

Diese Ordnung umfasst Insekten, die nicht immer ähnlich aussehen, aber identische Mundwerkzeuge haben: einen Rüsselansatz, mit dem sie stechen und saugen können. Nahezu alle sind Pflanzenfresser. Unter ihren kurzen Deckflügeln kommen ihre Membranflügel zum Vorschein.

**Hinterbeine
als kräftige
Sprungbeine**

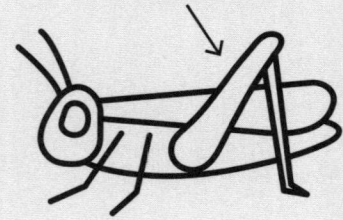

Geradflügler
Laubheuschrecken, Grashüpfer, Grillen

22 000 Arten

Wegen ihrer Hinterbeine sind die Geradflügler bekannt für ihre weiten Sprünge. Sie gelten auch als Singinsekten. Die Länge ihrer Fühler unterscheidet sich von Art zu Art: Bei Grillen und Laubheuschrecken sind sie lang, bei Grashüpfern kurz.

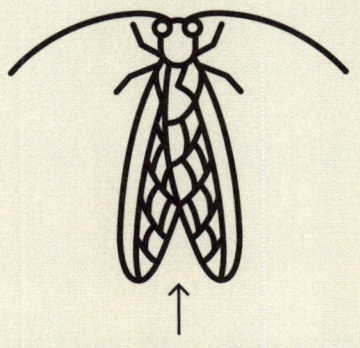

Vier häutige Flügel mit netzartigen Äderchen

Netzflügler

Florfliegen, Ameisenjungfern, Schmetterlingshafte

6500 Arten

Diese Ordnung umfasst Insekten mit durchsichtigen, netzartig geäderten Flügeln, die oft wie ein kleines Dach am Rücken angelegt sind. Die Larven, ob im Wasser oder an Land, sind Fleischfresser und besitzen Mundwerkzeuge, mit denen sie ihre Nahrung zerkleinern.

Vier lange Flügel

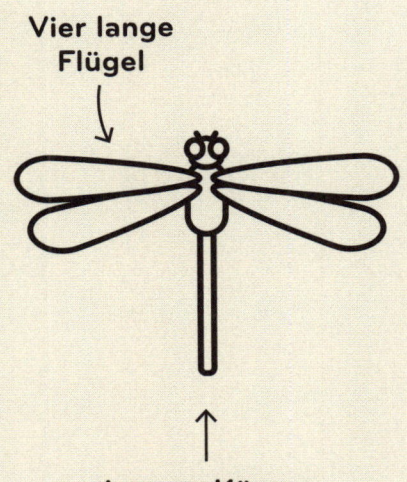

Langer Körper

Libellen

Großlibellen, Kleinlibellen

6000 Arten

Libellen haben einen langen und schmalen Körper, vier längliche Flügel, zermalmende Mundwerkzeuge sowie große und hervorstehende Augen. Die Larven leben im Wasser und die ausgewachsenen Insekten an Land.

Vielfältige Merkmale

Insekten können nach gemeinsamen Eigenschaften geordnet werden. Die einen ernähren sich von Pflanzen, die anderen sind Fleischfresser. Manche sind tagaktiv und andere nachtaktiv.

Aktivität

Insekten, die am Tag unterwegs sind, sind »tagaktiv«. Im Gegensatz dazu sind diejenigen, die nachts wach sind, »nachtaktiv«. Wieder andere sind »dämmerungsaktiv«: Sie zeigen sich nur bei Sonnenaufgang oder -untergang.

Metamorphose

Die meisten Insekten durchlaufen mehrere Entwicklungsstadien: Ei, Larve/Raupe, Puppe und Imago.

→ **Weitere Informationen auf S. 198**

Achtung!

Die einen stechen, die anderen zwicken, und viele sind harmlos. Am besten lässt man Insekten in Ruhe, denn sie verteidigen sich nur, wenn sie sich bedroht fühlen.

Wanderung

Manche Insektenarten fliegen im Spätherbst in wärmere Regionen. Trotz ihrer geringen Größe können sie lange Strecken zurücklegen!

→ **Weitere Informationen auf S. 210**

Fünf Diäten

Pflanzenfresser

Sie ernähren sich von lebendem Pflanzenmaterial: Blättern, Gräsern, Blüten, Nektar, Pollen, Früchten, Samen, Wurzeln, Pflanzensaft und Holz. Fast die Hälfte aller Insektenarten sind Pflanzenfresser.

Fäulnisfresser

Diese Insekten ernähren sich von verwesenden Pflanzen und Tieren, aber auch von Pilzen und Kot.

Holzfresser

Sie ernähren sich nur von Holz (tot oder lebend). Sie zersetzen alte Baumstümpfe, knabbern an Balken von Häusern oder bohren Löcher in die Rinde von Bäumen.

Fleischfresser

Diese Insekten ernähren sich von tierischem Material. Sie stechen, um Blut zu saugen, oder leben im Inneren eines anderen Tieres. Manchmal fressen sie andere Insekten oder sind sogar Kannibalen.

Allesfresser

Allesfresser ernähren sich von allem.

Vier Lebensräume

Städte und Gärten

Wiesen und Felder

Feuchtgebiete

Wälder

Porträts

Ein kugelrunder Körper oder eine schmale Taille,
kräftige Beine oder lange Fühler, Holz- oder
Pflanzenfresser, Einzelgänger oder gesellige
Wesen ... Insekten können vollkommen
unterschiedlich sein und aussehen. Entdecke
die Vielfalt ihrer Formen und Eigenheiten!

Honigbiene
S. 21

**Deutsche
Schabe**
S. 27

Hausbock
S. 31

**Siebenpunkt-
Marienkäfer**
S. 41

Gemeine Florfliege
S. 35

Ohrwurm
S. 45

Gemeine Feuerwanze
S. 49

Stubenfliege
S. 57

Gemeine Wespe
S. 53

Erbsenblattlaus
S. 61

Städte und Gärten

Punktierte Zartschrecke
S. 69

**Grüne
Reiswanze**
S. 65

Hainschwebfliege
S. 73

Honigbiene

Die fleißige Produzentin

Ordnung
Hautflügler

Aktivität
Tag

Lebensraum
Städte, Gärten,
Wiesen und Wälder

Im Bienenstock ist jede Menge los! Die Königin legt Eier, die Arbeiterinnen sammeln Nektar, füttern die Larven und halten den Bienenstock sauber, und die Männchen, »Drohnen« genannt, begatten die Königin und halten die Eier und Larven warm.

Honigbienen sind großartige und fleißige Produzentinnen und werden vom Menschen seit Jahrtausenden gezüchtet. Sie erzeugen Honig, um damit vor allem ihren Nachwuchs zu ernähren, und Wachs, um damit die Waben ihres Bienenstocks zu bauen, die als Brutplatz für die Larven und als Futterlager dienen. Außerdem sondern die Bienen Gelée royale ab – eine sehr nährstoffreiche Flüssigkeit für junge Larven und künftige Königinnen.

Nur die Weibchen stechen. Wenn dich eine Biene sticht und der Stachel in der Haut stecken bleibt, reißt dabei ein Teil ihres Hinterleibs ab. Daran stirbt sie kurz darauf.

Länge
Arbeiterin:
10–13 mm

Drohne:
13–16 mm

Königin:
15–20 mm

Lateinischer Name
Apis mellifera

. . . .

Achtung!
Kann stechen

Metamorphose

Ei
3 Tage

Larve
10 Tage

Puppe
8 Tage

Imago
Arbeiterin: 6–8 Wochen
Drohne: 1–3 Monate
Königin: 4–7 Jahre

Nahrung

Larve und Imago sind **Pflanzenfresser**.
Sie ernähren sich von Nektar, Pollen
und Gelée royale.

Nicht zu verwechseln mit ...

Gemeine Wespe: Sie hat eine schmalere
Taille. Ihr Körper hat keine Härchen
und ist leuchtend schwarz-gelb.

Geografie

Bienen stammen ursprünglich aus Europa
und sind mittlerweile auf der ganzen Welt
verbreitet (außer in den Polarregionen).

Migration

Bienen sind sesshaft und keine
Wanderinsekten.

Bestimmungsleitfaden

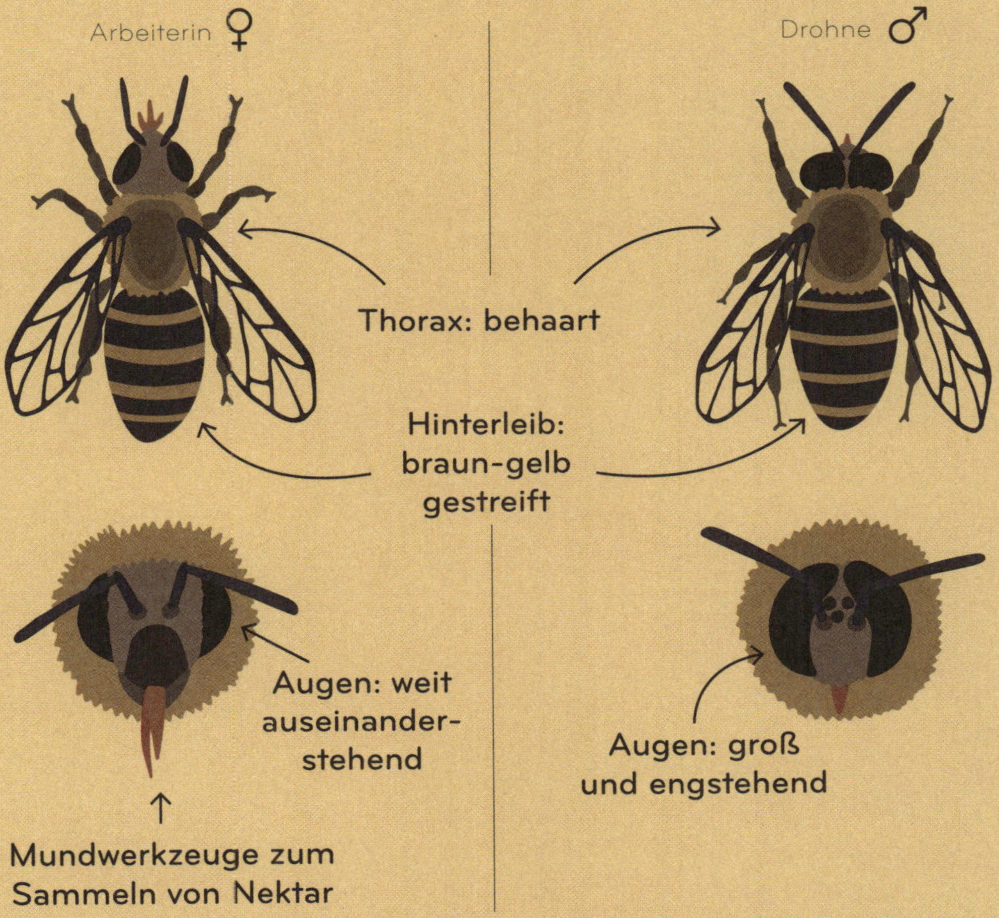

Arbeiterin ♀

Drohne ♂

Thorax: behaart

Hinterleib:
braun-gelb
gestreift

Augen: weit
auseinander-
stehend

Augen: groß
und engstehend

↑
Mundwerkzeuge zum
Sammeln von Nektar

Königin ♀

Sie ist doppelt
so groß! →

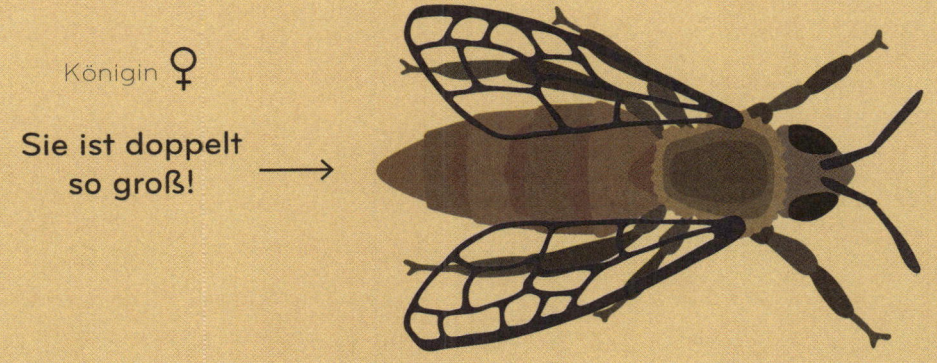

Beobachtungsort und -zeitraum

Auf Blumen und in Bienenstöcken.
Von Frühlingsbeginn bis Spätsommer.

Beobachtungsschwierigkeit

Der Schwänzeltanz

Wenn eine Biene eine Futterquelle gefunden hat, informiert sie die anderen Bienen über den Fundort. Und wie? Sie tanzt!

① Die Biene hat Nahrung in einem 45-Grad-Winkel zur Sonne gefunden.

45°

②

Auf den Waben ahmt sie diesen Winkel nach, indem sie einen »Schwänzeltanz« in Form einer Acht aufführt. Auf der mittleren Linie wackelt sie mit ihrem Hinterleib und gibt so an, in welcher Richtung zur Sonne sich die Nahrung befindet. Die anderen Bienen müssen dann nur in die richtige Richtung fliegen!

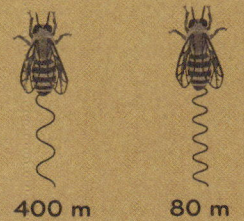

400 m   80 m

Die Biene kann auch die Entfernung mitteilen. Je näher die Nahrungsquelle ist, desto heftiger wedelt sie mit ihrem Hinterleib.

Deutsche Schabe

Die ungeliebte Kakerlake

Ordnung
Schaben

Aktivität
Nacht

Lebensraum
Städte und Gärten

Auf Platz eins der abschreckenden Insekten steht eindeutig die Deutsche Schabe. Man verbindet sie mit Schmutz, Abwasserkanälen und Mülleimern. Aber sie kann nichts dafür, dass sie in dieser Umgebung ihre Nahrung findet: Brotreste, fetthaltige Speisen, alte Kartons und sogar Zahnpasta! Schaben sind ein Zeichen für mangelnde Hygiene oder hohe Feuchtigkeit in einer Wohnung. Um diese Gäste fernzuhalten, sollte man häufig lüften und keine Krümel auf dem Boden lassen. Wenn man eine Schabe loswerden möchte, sollte man sie nicht zerdrücken. Sie verströmt sonst einen abscheulichen Geruch, der ihre Artgenossen anlockt. Stattdessen sollte man sie einfangen und nach draußen bringen.

Die Schabe ist vor allem nachts aktiv und verträgt Kälte nur schlecht. Daher flüchtet sie gern in Häuser. Mit ihrem flachen Körper kommt sie durch jeden Schlitz. Sie läuft schnell und kann sich mit unbeholfenen Sprüngen und mithilfe ihrer Flügel aus brenzligen Situationen retten.

Länge
~ 15 mm
(ohne Fühler)

Lateinischer Name
Blattella germanica

Achtung!
Kann Bakterien übertragen oder Allergien hervorrufen

Metamorphose

Ei (im Kokon)
3–4 Wochen

Larve
1–3 Wochen

Imago
3–7 Monate

Nahrung

Larve und Imago sind **Allesfresser**.
Sie ernähren sich von Speisestärke,
Lebensmittelresten, alten Kartons
und fett- oder zuckerhaltigen Speisen.

Nicht zu verwechseln mit ...

Gemeine Küchenschabe:
Sie ist dunkelbraun und doppelt
so groß (30 mm).

Geografie

Die Deutsche Schabe ist auf allen
Kontinenten verbreitet.

Migration

Die Deutsche Schabe ist sesshaft
und kein Wanderinsekt.

Bestimmungsleitfaden

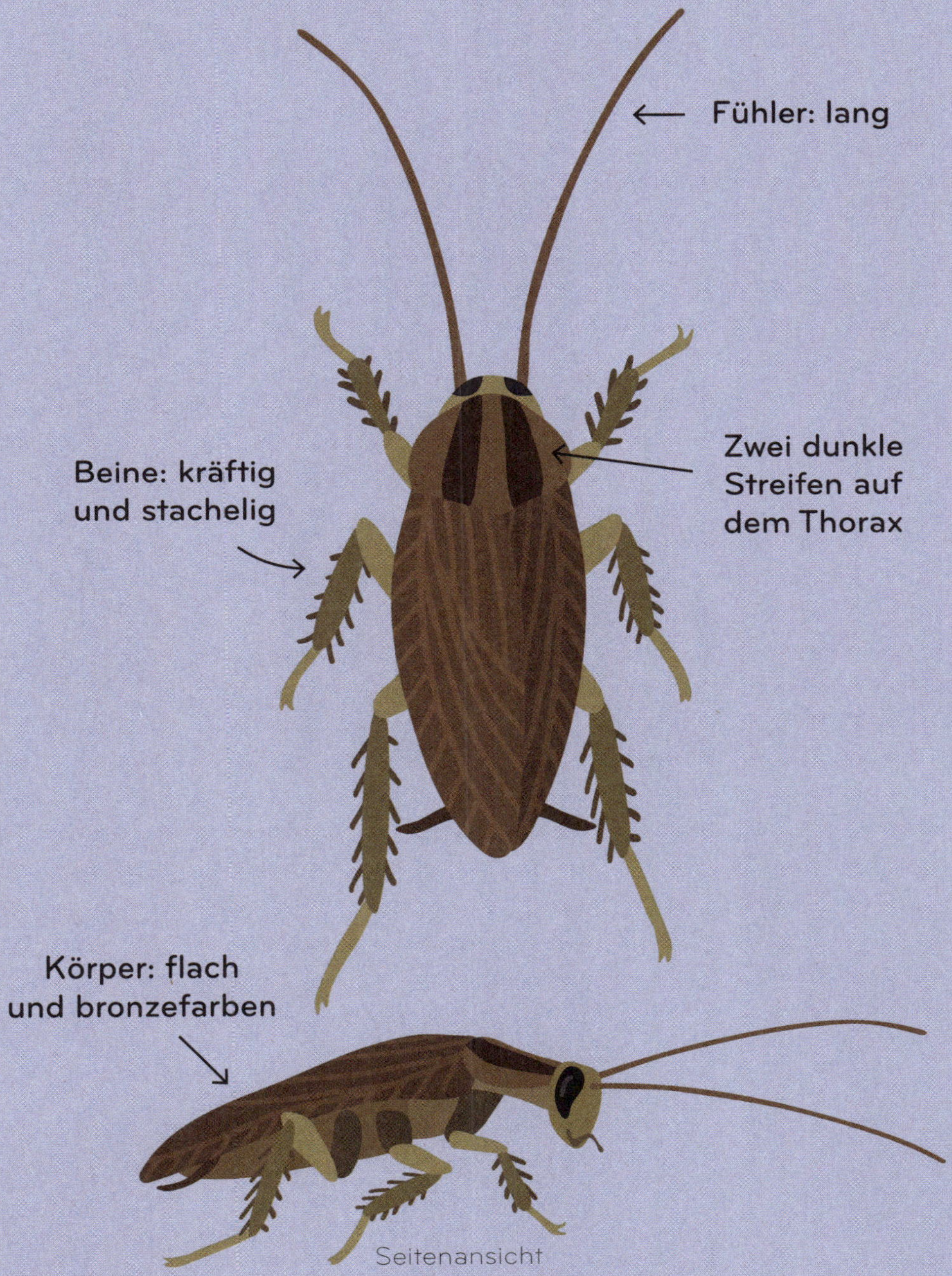

Fühler: lang

Zwei dunkle
Streifen auf
dem Thorax

Beine: kräftig
und stachelig

Körper: flach
und bronzefarben

Seitenansicht

Beobachtungsort und -zeitraum

In feuchten Hausecken, in Kellern und
Garagen. Sie ist nachtaktiv und von
Frühling bis Herbst anzutreffen.

Beobachtungsschwierigkeit

●●●○○

Hausbock

Liebhaber der Holzbalken

Ordnung
Käfer

Aktivität
Nacht

Lebensraum
Städte und Wälder

Die Larve des Hausbocks frisst sich durch Holzbalken von Gebäuden und durch altes Holz im Wald. Dieses Insekt sieht man nur selten, da es vor allem das zarte Innere von Holz bevorzugt. Stattdessen findet man es in 6 bis 12 mm großen ovalen Löchern und im auf den Boden gefallenen Sägemehl.

Als Imago bewegt sich der Hausbock nicht viel und fliegt sehr selten. Denn wenn er den perfekten Balken für sich gefunden hat , bleibt er dort manchmal für Generationen. Die Larve, die etwas größer als die Imago ist, kann 3 bis 5 Jahre alt werden. Die Imago lebt dagegen nur einen Monat im Sommer! Während dieses sehr kurzen Lebens fressen Imagines nichts, da ihre Hauptaufgabe die Fortpflanzung ist.

Länge
10–20 mm

Lateinischer Name
Hylotrupes bajulus

Metamorphose

Eier
2–3 Wochen

Larve
3–5 Jahre

Puppe
1–3 Wochen

Imago
1 Monat

Nahrung

Die Larve ist ein **Holzfresser**.
Sie ernährt sich von Splintholz,
dem Holzinnern. Die Imago frisst nichts.

Nicht zu verwechseln mit ...

Gemeiner Fichtensplintbock:
Er ist etwas kleiner (~ 18 mm)
und hat einen braunroten Körper.

Geografie

Der Hausbock ist außer in Asien
auf allen Kontinenten verbreitet.

Migration

Der Hausbock ist sesshaft
und kein Wanderinsekt.

Bestimmungsleitfaden

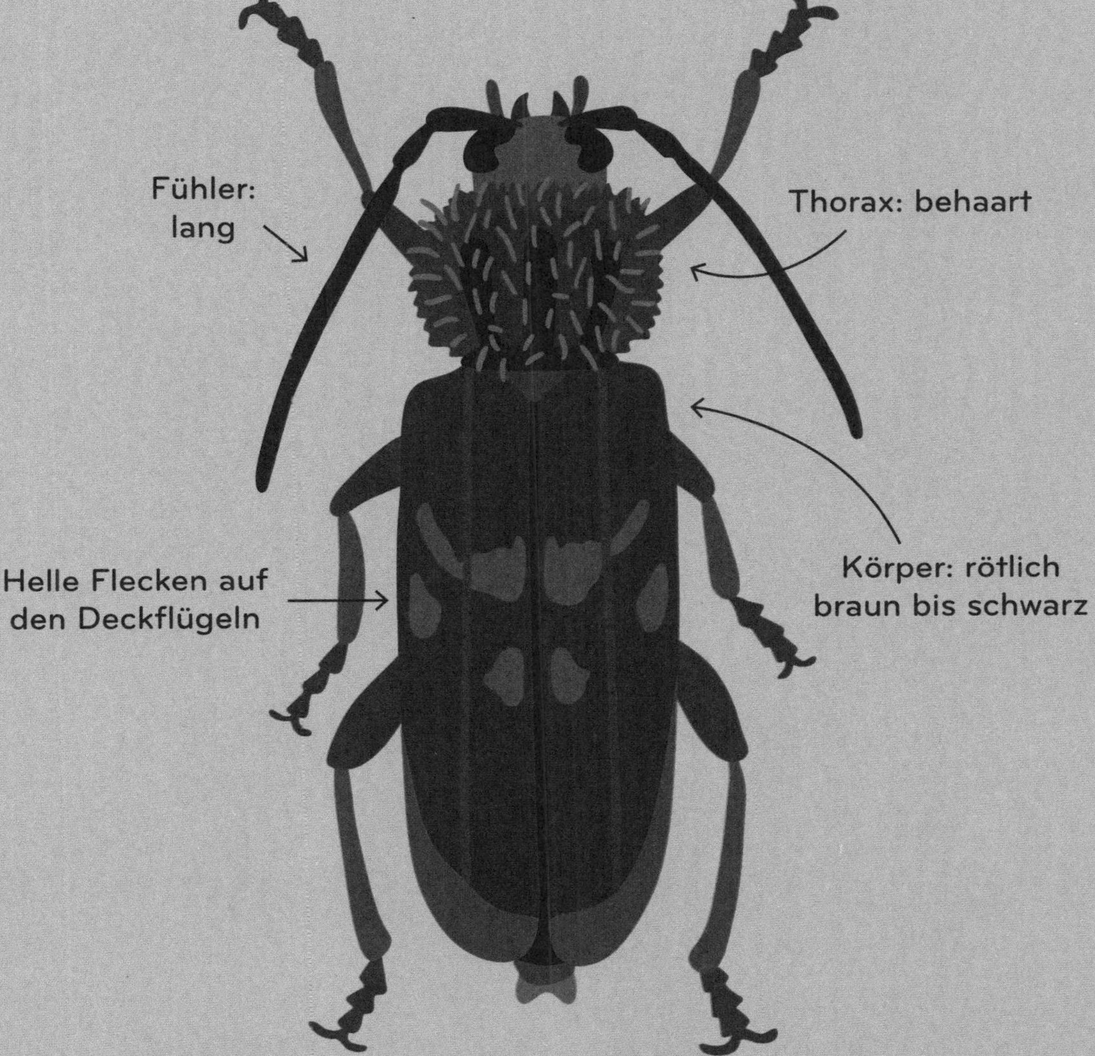

Fühler:
lang

Thorax: behaart

Helle Flecken auf
den Deckflügeln

Körper: rötlich
braun bis schwarz

Beobachtungsort und -zeitraum
Auf und in Holzbalken. Von Frühling bis
Sommer.

Beobachtungsschwierigkeit

Gemeine Florfliege

Die Feengleiche

Ordnung
Netzflügler

Aktivität
Dämmerung

Lebensraum
Städte und Gärten

Die Gemeine Florfliege ist ein feingliedriger, kleiner, grüner Netzflügler mit stark geäderten Flügeln. Ihre Augen, die in Regenbogenfarben schillern, verleihen ihr auch den Spitznamen »Goldauge«.

Die Larven der Florfliege sind Fleischfresser. Sie können als Gartenhelfer dienen und damit Insektenvernichtungsmittel ersetzen. Mit ihren langen Mundwerkzeugen fangen sie Blattläuse und Schildläuse - die Schädlinge in Gemüsebeeten.

Wie Gemeine Florfliegen Eier legen, ist ein faszinierendes Phänomen: Das Weibchen wählt ein Blatt aus, unter das es seine Eier legt. Es streckt dabei seinen Hinterleib und bildet dünne und stabile Fäden - »Eierstiele« genannt –, an deren Ende sich die Eier befinden. Diese hängen dann vom Blatt herunter und sehen aus wie halbe Wattestäbchen.

Länge
10–15 mm
(ohne Fühler)

Spannweite
23–30 mm

Lateinischer Name
Chrysoperla carnea

Metamorphose

Ei
3–6 Tage

Larve
15–20 Tage

Puppe (im Kokon)
10–14 Tage

Imago
7–30 Tage

Nahrung

Die Larve ist ein **Fleischfresser**.
Sie ernährt sich von
Blattläusen und Raupen

Die Imago ist ein **Pflanzenfresser**.
Sie ernährt sich von
Nektar und Pollen.

Nicht zu verwechseln mit ...

Gefleckter Taghaft:
Er hat einen beigebraunen
Körper und behaarte Flügel.

Geografie

Die Gemeine Florfliege ist in Europa, Nordafrika, Asien und Nordamerika verbreitet.

Migration

Die Gemeine Florfliege ist ein Wanderinsekt.

Bestimmungsleitfaden

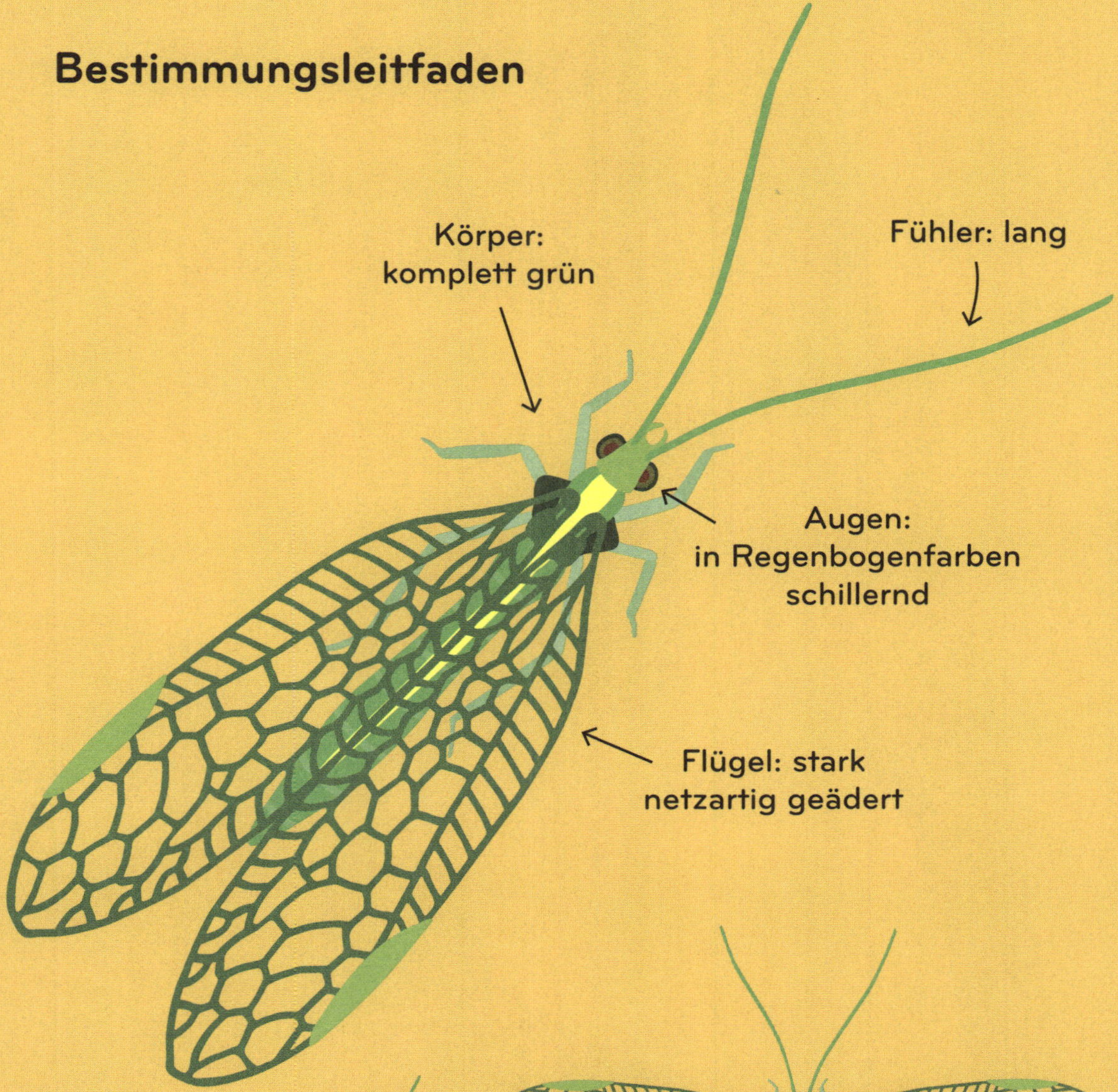

Körper:
komplett grün

Fühler: lang

Augen:
in Regenbogenfarben
schillernd

Flügel: stark
netzartig geädert

Seitenansicht

Geöffnete Flügel

Beobachtungsort und -zeitraum

Auf Blumen und an Fensterscheiben.
Von Frühling bis Spätsommer.

Beobachtungsschwierigkeit

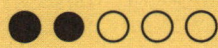

Ei am Stiel

Die Gemeine Florfliege legt ihre Eier an einem Faden an der Blattunterseite ab – sieht aus wie halbe Wattestäbchen.

Siebenpunkt-Marienkäfer

Das Raubtier im Garten

Ordnung
Käfer

Aktivität
Tag

Lebensraum
Städte, Gärten
und Wiesen

Dieser runde Käfer ist zweifellos eines der beliebtesten Insekten. Aber hinter seinem niedlichen Aussehen verbirgt sich ein richtiges Raubtier! Als Larve und Imago frisst der Marienkäfer sehr viele Blattläuse und andere kleine Insekten. Um Schädlinge loszuwerden, wird er manchmal auch im Garten eingesetzt.

Die Metamorphose des Siebenpunkt-Marienkäfers ist faszinierend, denn vom Ei bis zum ausgewachsenen Insekt ändert sich sein Aussehen ständig. Die schwarzen und mit Stacheln bedeckten Larven unterscheiden sich optisch deutlich von den Imagines. Die Puppen, die man oft auf den Blättern von Büschen und Sträuchern entdeckt, sehen aus wie ein kleines Gehirn.

Im Volksglauben ist der Marienkäfer ein Glückssymbol: Wenn er auf einem landet, darf man sich etwas wünschen.

Länge
5–8 mm

Lateinischer Name
Coccinella septempunctata

Metamorphose

Eier
3–5 Tage

Larve
2–3 Wochen

Puppe
8 Tage

Junge Imago
ein paar
Stunden

Imago
1–3 Jahre

Nahrung

Nicht zu verwechseln mit ...

Die Larve ist ein **Fleischfresser**.
Sie ernährt sich von Blattläusen
und anderen kleinen Insekten.

Die Imago ist ein **Allesfresser.**
Sie ernährt sich von Blattläusen
und manchmal von
Pollen und Nektar.

Zweipunkt-Marienkäfer:
Er hat – wie sein Name verrät –
nur zwei Punkte auf den Deckflügeln.

Geografie

Der Siebenpunkt-Marienkäfer ist außer in
Australien und der Polarregion auf allen
Kontinenten verbreitet.

Migration

Der Siebenpunkt-Marienkäfer ist sesshaft
und kein Wanderinsekt.

Bestimmungsleitfaden

Kopf: schwarz

Weiße Flecken

Deckflügel: rot mit sieben schwarzen Punkten

Körper: rund und bauchig

Beobachtungsort und -zeitraum

Die Larven und Puppen sieht man im Frühling auf Blättern. Imagines kann man den ganzen Sommer über auf Gräsern und Sträuchern betrachten.

Beobachtungsschwierigkeit

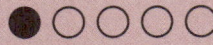

Ohrwurm

Unter Blumentöpfen

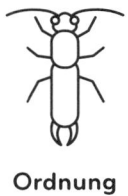

Ordnung
Ohrwürmer

Aktivität
Nacht

Lebensraum
Städte und Gärten

Der Spitzname »Ohrenkneifer« macht den Ohrwurm so gruselig ... Der Ausdruck bezieht sich auf die Häkchen, die sich am Ende seines Hinterleibs befinden und »Zangen« heißen. Sie erinnern an eine Zange, mit der früher Ohrlöcher gestochen wurden. Das Tierchen interessiert sich allerdings überhaupt nicht für unsere Ohren und zwickt nur ganz selten. Und dann tut es nicht mal weh. Stattdessen schüchtert er mit seinen Zangen seine Fressfeinde ein. Denn im Gegensatz zu anderen Insekten besitzt der Ohrwurm keine Flügel, mit denen er schnell fliehen könnte.

Der Ohrwurm ist nachtaktiv und mag den Tau auf Wiesen. In Wohngegenden findet man ihn unter Steinen und Blumentöpfen. Er frisst Blattläuse, überreife und verdorbene Früchte und hat eine Schwäche für süße Blütenblätter.

Länge
10–20 mm

Lateinischer Name
Forficula auricularia

· · · · · · · · · · · · · · · · · · · ·

Achtung!
Kann zwicken
(ist selten und
schmerzlos)

Metamorphose

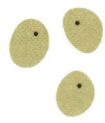

Eier
10 Tage bis 3 Monate

Larve
1–2 Monate

Imago
5–12 Monate

Nahrung

Nicht zu verwechseln mit ...

Die Larve und Imago sind **Allesfresser.**
Sie ernähren sich von Blattläusen,
überreifen oder fauligen Früchten oder
Blütenblättern.

Kaiserlicher Kurzflügler:
Er hat einen schwarzen Körper
und rötliche Deckflügel.
Er gehört zur Ordnung der Käfer.

Geografie

Der Ohrwurm stammt aus Europa. Inzwischen ist er in Australien und Nordamerika verbreitet, wo er als Eindringling gilt.

Migration

Der Ohrwurm ist sesshaft
und kein Wanderinsekt.

Bestimmungsleitfaden

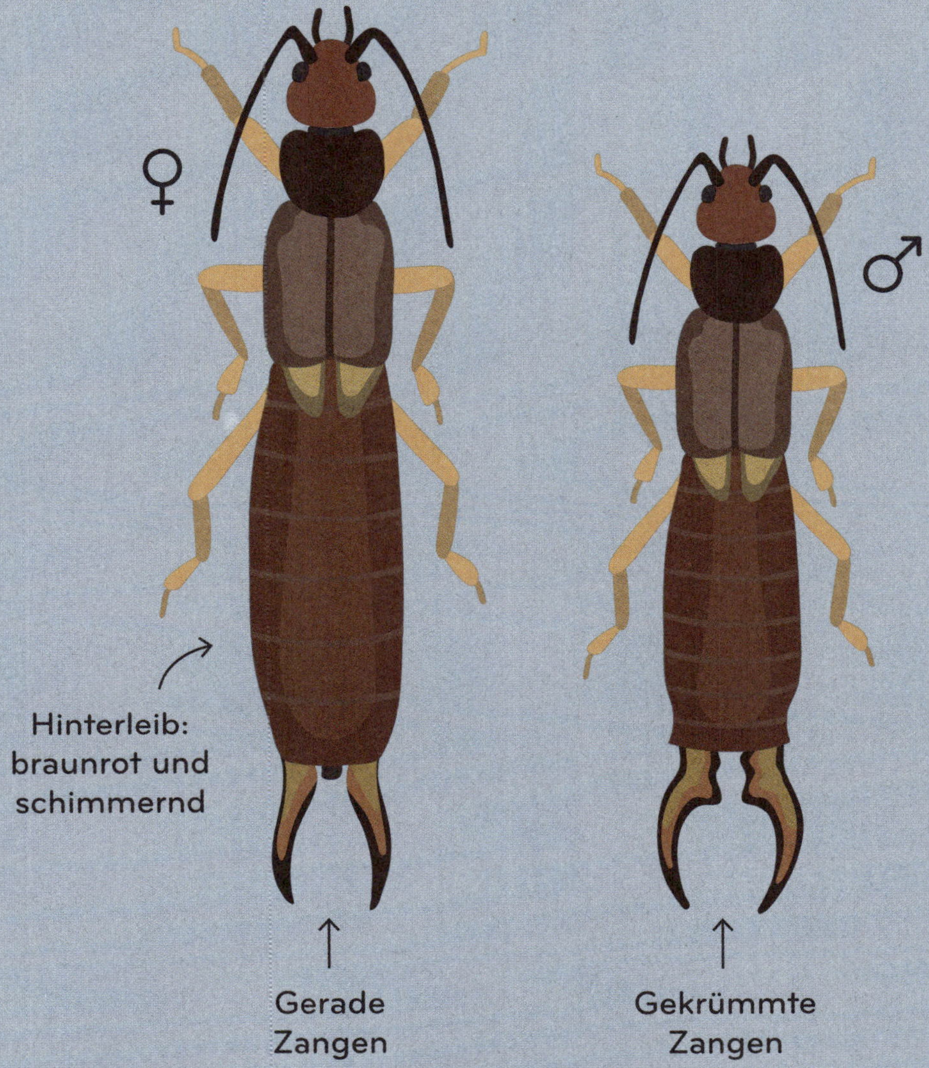

♀

Hinterleib:
braunrot und
schimmernd

Gerade
Zangen

♂

Gekrümmte
Zangen

Beobachtungsort und -zeitraum

In feuchten Ecken, unter Totholz, Steinen
und Blumentöpfen. Überwiegend im
Sommer.

Beobachtungsschwierigkeit

Gemeine Feuerwanze

In Schwarzrot

Ordnung
Schnabelkerfe

Aktivität
Tag

Lebensraum
Städte, Gärten
und Wälder

Diese weitverbreitete Wanze sieht aus wie eine kleine, schwarzrote afrikanische Maske. Mit ihrer Körperfärbung schreckt sie ihre Fressfeinde ab, denn ihre Flügel sind zu kurz, als dass sie damit schnell davonfliegen könnte.

Während Wanzen für ihren übel riechenden Geruch bekannt sind, verströmen die Gemeinen Feuerwanzen dagegen keinen.

Feuerwanzen leben in Kolonien, oft am Fuße von Bäumen und alten Baumstümpfen. Sie suchen unter Efeu Schutz und ernähren sich von Samen oder fressen gern auch kleine tote Insekten.

Bei der Fortpflanzung sind Männchen und Weibchen voneinander abgewandt miteinander verbunden und können in dieser Position stundenlang, ja sogar ganze Tage lang verharren!

Länge
~ 10 mm

Lateinischer Name
Pyrrhocoris apterus

Metamorphose

Eier
10–14 Tage

Larvenstadien
17–24 Tage

Imago
2–3 Jahre

Nahrung

Nicht zu verwechseln mit ...

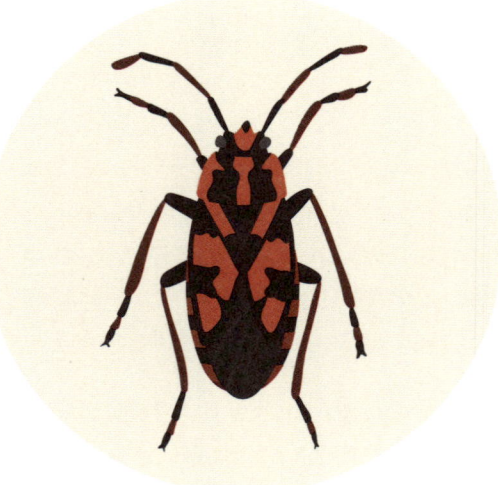

Larve und Imago sind **Allesfresser.**
Sie ernähren sich von Samen und
kleinen toten Insekten.

Knappe:
Seine schwarzen Flecken sind wie
das Muster eines Schachbretts
angeordnet.

Geografie

Die Gemeine Feuerwanze ist in Europa und
Westasien verbreitet und siedelte sich auch
in Nordamerika an.

Migration

Die Gemeine Feuerwanze ist sesshaft
und kein Wanderinsekt.

Bestimmungsleitfaden

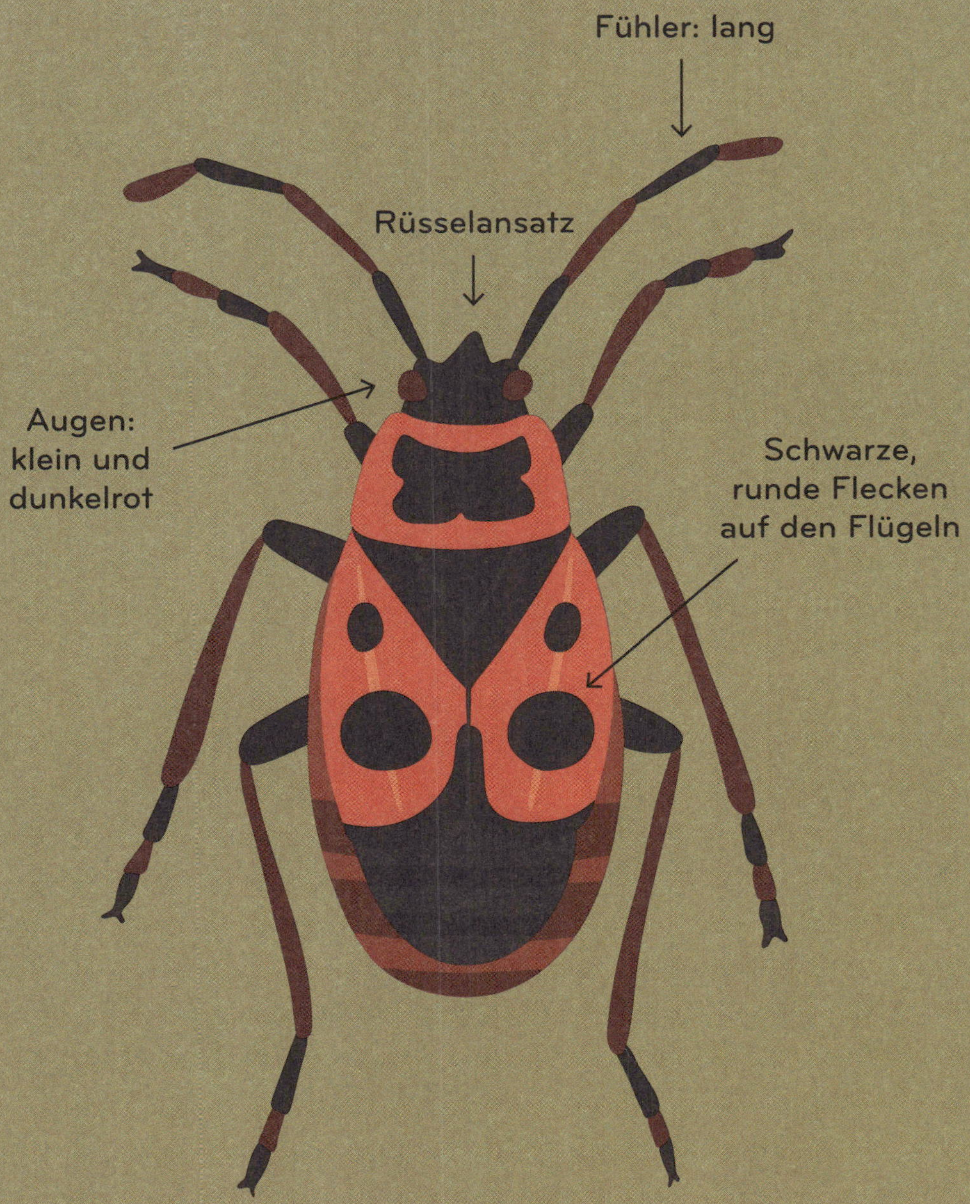

Fühler: lang

Rüsselansatz

Augen:
klein und
dunkelrot

Schwarze,
runde Flecken
auf den Flügeln

Beobachtungsort und -zeitraum

Am Fuß von Bäumen, auf alten
Baumstümpfen und am Boden.
Man sieht sie das ganze Jahr.

Beobachtungsschwierigkeit

Gemeine Wespe

Besser als ihr Ruf

Ordnung
Hautflügler

Aktivität
Tag

Lebensraum
Städte und Gärten

Ein schwarz-gelb gestreifter Körper und ein gefürchteter Stachel ... Mehr muss man gar nicht sagen! Im Sommer leisten die Wespen uns bei Picknicks gern Gesellschaft. Da sie aufgrund der Klimaerwärmung und Verringerung der Artenvielfalt immer weniger Nahrung finden, halten sie sich immer öfter in unserer Nähe auf.

Nur die Weibchen stechen, aber im Gegensatz zu Bienen sterben sie nach dem Stechen nicht. Trotz ihrer Unbeliebtheit spielen Wespen im Ökosystem eine wichtige Rolle: Sie bestäuben Blüten; verwerten verwesendes Pflanzenmaterial; regulieren die Völkergröße anderer Insekten, indem sie ihre Larven mit diesen Insekten füttern; und stehen selbst wiederum auf der Speisekarte von Vögeln.

Wespen suchen Schutz in der Erde oder bauen beeindruckende Nester aus zerkautem Holz.

Länge
Arbeiterin:
10–14 mm

Drohne:
13–17 mm

Königin:
16–19 mm

Lateinischer Name
Vespula vulgaris

Achtung!
Kann stechen

Metamorphose

Ei
5–8 Tage

Larve
2 Wochen

Puppe
1–3 Wochen

Imago
Arbeiterin/Drohne: 10–30 Tage
Königin: 1 Jahr

Nahrung

Die Larve ist ein **Fleischfresser.**
Die Imago versorgt sie
mit kleinen Insekten, Spinnen
und Fleischstücken.

Die Imago ist ein **Allesfresser.**
Sie ernährt sich von Nektar,
Früchten, zuckerhaltigen Säften
und manchmal kleinen
Insekten.

Nicht zu verwechseln mit ...

Honigbiene:
Sie hat eine eher braune Färbung
und einen behaarten Thorax.

Geografie

Die Gemeine Wespe ist außer in Afrika
auf allen Kontinenten verbreitet.

Migration

Die Gemeine Wespe ist sesshaft
und kein Wanderinsekt.

Bestimmungsleitfaden

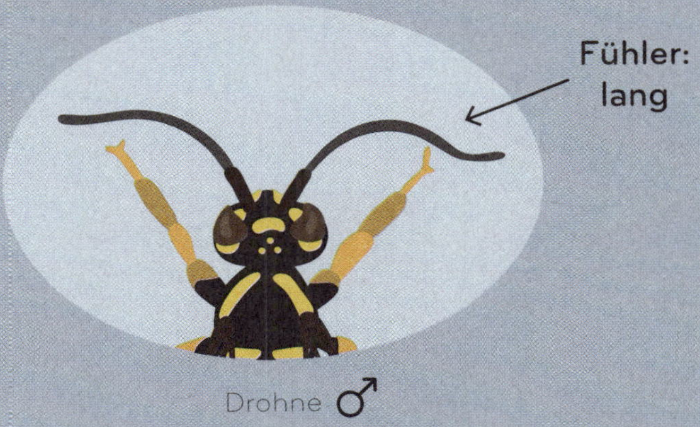

Arbeiterin ♀

Körper:
schwarz-gelb

Königin ♀

Fühler:
lang

Drohne ♂

Beobachtungsort und -zeitraum

In Parks und Gärten, wo sich Menschen
aufhalten. Vor allem im Sommer.

Beobachtungsschwierigkeit

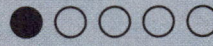

Stubenfliege

Die Sauberkeitsfanatikerin

Ordnung
Zweiflügler

Aktivität
Tag

Lebensraum
Städte, Gärten,
Wälder und Wiesen

Auch wenn sie mit Schmutz in Verbindung gebracht wird: Die Stubenfliege hat einen wahren Putzfimmel! Mit ihrem Körper, der von kleinen Härchen bedeckt ist, kann sie Gerüche und Vibrationen wahrnehmen und schmecken. Und wenn diese Härchen mit Staub bedeckt sind, verliert die Fliege ihre Orientierung. Deswegen reibt sie sich immer wieder über die Beine, den Körper und die Flügel. Dank ihres Panoramablicks und schneller Reaktion ist sie eine Meisterin im Flüchten. Man kann sie daher nur schwer einfangen. An den Enden ihrer Beine hat sie Häkchen, dank derer sie auch an der Decke gehen kann, ohne herunterzufallen. Die Fliege kann keine feste Nahrung zu sich nehmen. Mit ihrem Speichel zersetzt sie deswegen ihre Speisen und nimmt diese dann über ihren Saugrüssel auf.

Vor ihren Larven, »Maden« genannt, ekeln sich viele Menschen, obwohl diese zur natürlichen Verwertung von organischen Stoffen beitragen.

Länge
6–11 mm

Spannweite
12 mm

Lateinischer Name
Musca domestica

Metamorphose

Eier
1–2 Tage

Larve
5–6 Tage

Puppe
5 Tage

Imago
2 Wochen bis 2 Monate

Nahrung

Nicht zu verwechseln mit ...

Die Larve ist ein **Fäulnisfresser.**
Sie ernährt sich von verwesenden
Pflanzen und Tieren, aber auch Kot.

Die Imago ist ein **Allesfresser.**
Sie ernährt sich von Nektar,
Blütenpollen und allem, was
süß schmeckt.

Schmeißfliege:
Sie ist stämmiger und hat
einen bläulichen Körper.

Geografie

Die Stubenfliege ist auf allen Kontinenten
verbreitet.

Migration

Die Stubenfliege ist sesshaft
und kein Wanderinsekt.

Bestimmungsleitfaden

Augen: beim Männchen eng zusammenliegend

↓

♂

Augen: groß und dunkelrot

Rüssel

Thorax: behaart, grau, schwarz gestreift

Zwei netzartig geäderte Flügel

♀

Hinterleib: senfgelb und schwarz gestreift

Beobachtungsort und -zeitraum

Fast überall, vorzugsweise in Häusern und Tierställen. Von Frühling bis Herbst.

Beobachtungsschwierigkeit

Erbsenblattlaus

Ein winziger Vielfraß

Ordnung
Schnabelkerfe

Aktivität
Tag

Lebensraum
Städte und Gärten

Diese winzigen Insekten ernähren sich von zahlreichen Pflanzen wie Erbsen, Klee, Rosensträuchern und Salatblättern. Mit ihrem Rüsselansatz saugen sie den Saft heraus, was die Pflanzen schwächt. Eine wahre Qual für diese Gewächse! Zum Glück werden Blattläuse von vielen anderen Insekten gefressen, was ihren Bestand in Schranken hält.

Gleichzeitig ziehen aber Ameisen auch Blattlauskolonien groß und erhalten im Austausch dafür deren Honigtau. Dies ist ein zuckerhaltiges Ausscheidungsprodukt der Blattläuse. Sehr viele Insekten sind verrückt danach. Manchmal machen sogar Bienen ihren eigenen Honig aus Honigtau.

Zu einem bestimmten Zeitpunkt im Jahr pflanzen sich die Weibchen allein fort! Dieses Phänomen heißt »Jungfernzeugung« oder »Parthenogenese«. Die Larven entstehen dabei aus unbefruchteten Eiern und schlüpfen direkt aus dem Körper des Weibchens.

Länge
2,5–4,5 mm

Lateinischer Name
Acyrthosiphon pisum

Metamorphose

Eier
3 Monate

Larve
8 Tage

Imago
15–20 Tage

Nahrung

Larve und Imago sind **Pflanzenfresser.**
Sie ernähren sich am liebsten vom Saft
der Bohnen- und Erbsenpflanzen.

Nicht zu verwechseln mit ...

Große Rosenblattlaus:
Einige ihrer Körperteile sind schwarz.

Geografie

Die Blattlaus stammt aus Europa, ist
heutzutage aber auf allen Kontinenten
verbreitet.

Migration

Die Blattlaus ist sesshaft
und kein Wanderinsekt.

Bestimmungsleitfaden

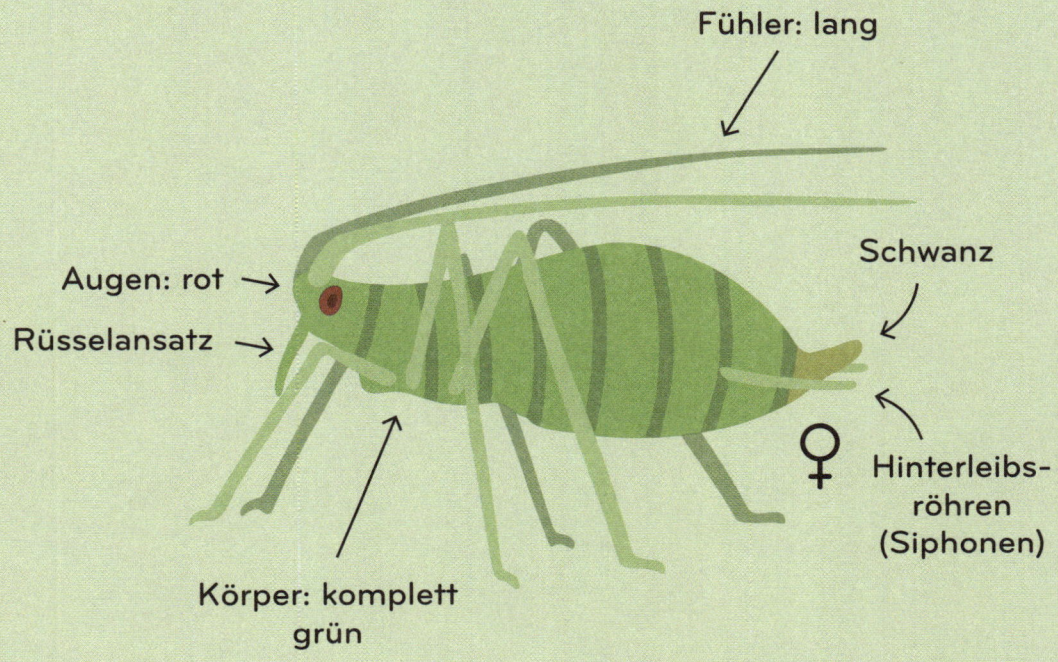

Fühler: lang

Augen: rot →

Rüsselansatz →

Schwanz

♀

Hinterleibs-
röhren
(Siphonen)

Körper: komplett
grün

♀   ♂

Während der Phase der geschlechtlichen
Fortpflanzung haben Männchen und Weibchen Flügel.

Beobachtungsort und -zeitraum

Unter Baumblättern, in Blüten oder auf
Stielen. Von Frühling bis Spätsommer.

Beobachtungsschwierigkeit

 ●○○○○

Grüne Reiswanze

Die Feinschmeckerin

Ordnung
Schnabelkerfe

Aktivität
Tag

Lebensraum
Städte, Gärten
und Wälder

Die Grüne Reiswanze sieht aus wie ein kleiner grüner Schutzschild. Sie ist bekannt für ihren ekelerregenden Geruch, den sie verströmt, wenn sie sich bedroht fühlt. Sie knabbert die Blütenknospen von Sommergemüse und -früchten wie Tomaten, Auberginen, Paprika und Sojapflanzen an.

Bei Wintereinbruch sucht sie Zuflucht an wärmeren Orten, z.B. in unseren Wohnungen! Oft sieht man sie deswegen in Fensternähe.

Während ihrer Metamorphose absolviert die Grüne Reiswanze mehrere Häutungen, die ihr jedes Mal ein anderes Aussehen verleihen. Und selbst als ausgewachsenes Insekt ändert sie ihre Farbe je nach Jahreszeit: Im Frühling und Sommer ist sie grün, im Herbst und Winter braun.

Länge
12–16 mm

Lateinischer Name
Nezara viridula

Metamorphose

Eier
5–20 Tage

Larvenstadien
25–40 Tage

Imago
2 Monate

Nahrung

Larve und Imago sind **Pflanzenfresser.**
Sie ernähren sich vom Saft der Tomaten-,
Auberginen-, Bohnen- und Sojapflanzen.

Nicht zu verwechseln mit ...

Grüne Stinkwanze:
Ihre Membranflügel sind braun.
Und sie hat keine weißen Punkte
auf dem Rücken.

Geografie

Die Grüne Reiswanze stammt aus Afrika
und dem Mittelmeerraum, ist heutzutage
aber auf allen Kontinenten verbreitet.

Migration

Die Grüne Reiswanze ist sesshaft
und kein Wanderinsekt.

Bestimmungsleitfaden

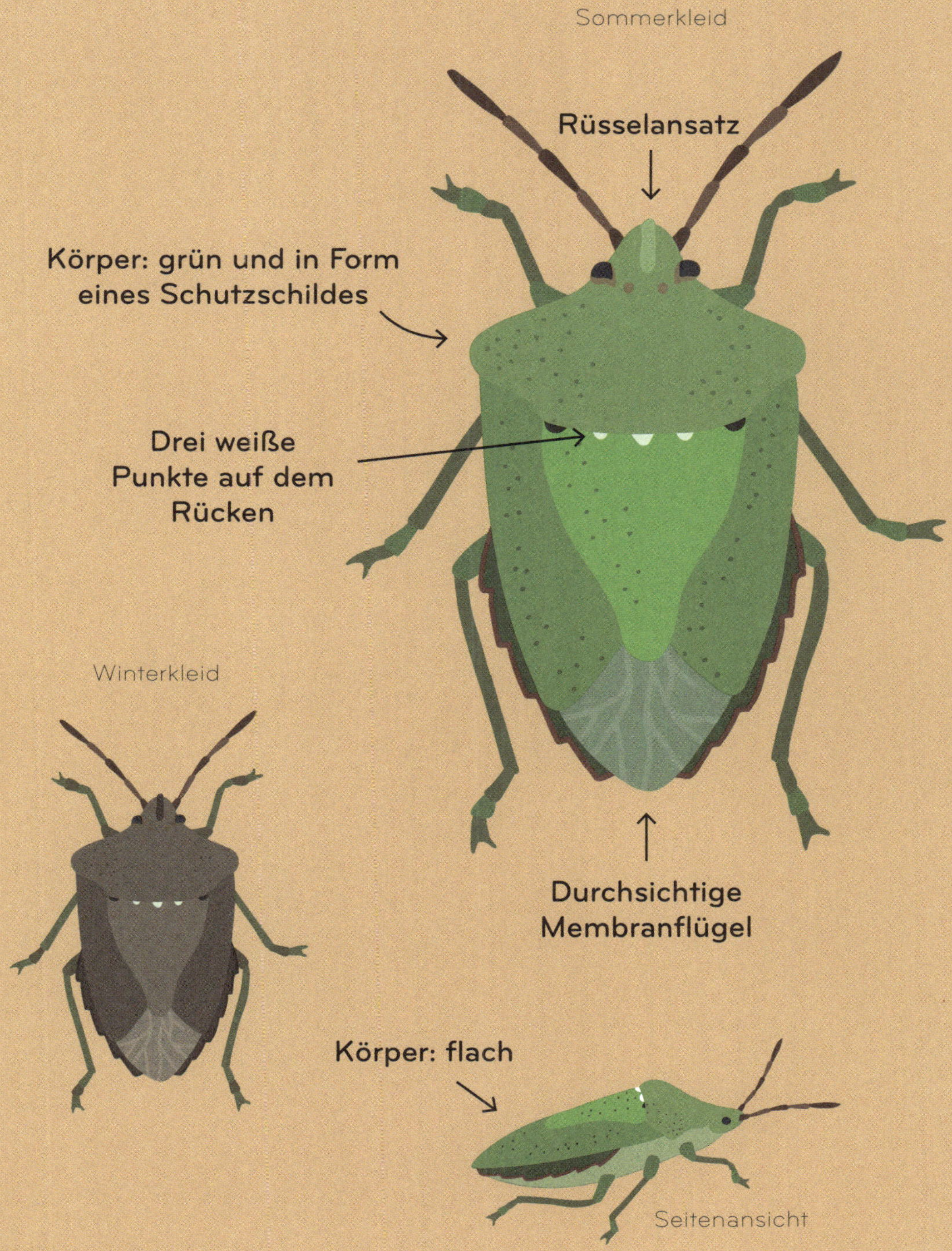

Sommerkleid

Rüsselansatz

Körper: grün und in Form
eines Schutzschildes

Drei weiße
Punkte auf dem
Rücken

Winterkleid

Durchsichtige
Membranflügel

Körper: flach

Seitenansicht

Beobachtungsort und -zeitraum
Auf Pflanzen und Baumrinden von
Frühling bis Sommer. Im Winter an
Fenstern von Häusern.

Beobachtungsschwierigkeit
●○○○○

Punktierte Zartschrecke

Trägerin der überdimensionalen Fühler

Ordnung
Geradflügler

Aktivität
Dämmerung

Lebensraum
Städte, Gärten
und Wiesen

Die Punktierte Zartschrecke hat am ganzen Körper kleine, schwarze Punkte, die im Larvenstadium noch stark ausgeprägt sind und mit dem Alter verblassen. Als Meisterin der perfekten Tarnung wird sie eins mit der Pflanzenwelt! Man findet sie in Rosen- und Himbeersträuchern, deren Blätter sie gern frisst.

Laubheuschrecken unterscheiden sich von Grashüpfern durch ihre sehr langen Fühler: Die Fühler der Punktierten Zartschrecke können viermal so lang wie ihr Körper sein! Am Ende seines Hinterleibs hat das Weibchen einen »Eiablageapparat«, mit dem es seine Eier an engen Stellen ablegen kann, zum Beispiel in Schlitzen von Baumrinden.

Das Männchen zirpt, um das Weibchen anzulocken, und reibt dafür seine Deckflügel gegeneinander. Sein Gesang ist ziemlich schwach und hoch. Die Konzerte finden im Sommer statt, beginnen in den Abendstunden und können manchmal die ganze Nacht dauern.

Länge
10–20 mm
(ohne Fühler)

Lateinischer Name
*Leptophyes
punctatissima*

Metamorphose

Eier
8–10 Monate

Larve
1–3 Monate

Imago
1–2 Monate

Nahrung

Larve und Imago sind **Pflanzenfresser.**
Sie ernähren sich von Klee, Löwenzahn
und Himbeer- oder Rosensträuchern.

Nicht zu verwechseln mit ...

Grünes Heupferd:
Es ist größer (~ 60 mm) und seine Flügel
ragen über den Hinterleib hinaus. Am Ende
des Hinterleibs befindet sich ein langer,
schmaler Eiablageapparat.

Geografie

Die Punktierte Zartschrecke stammt aus
Westeuropa und ist mittlerweile auf der
ganzen Welt verbreitet.

Migration

Die Punktierte Zartschrecke ist sesshaft
und kein Wanderinsekt.

Bestimmungsleitfaden

Körper: grün
mit schwarzen
Punkten

Fühler:
sehr lang

♀

Eiablageapparat
(Ovipositor)

Gelber Streifen
auf dem Rücken

♂

Beobachtungsort und -zeitraum

In Sträuchern, auf Blättern, in Gärten
und Parks. Von Frühsommer bis Herbst.

Beobachtungsschwierigkeit

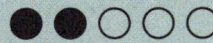

Hainschwebfliege

In der Schwebe

Ordnung
Zweiflügler

Aktivität
Tag

Lebensraum
Städte, Gärten,
Wiesen und Wälder

Obwohl sie aussieht wie eine kleine Wespe, sticht die Hainschwebfliege nicht! Sie gehört zur Ordnung der Zweiflügler wie Fliegen oder Mücken. Man erkennt sie an ihrem ruckartigen Rüttelflug. Sie legt ihre Eier in Blattlauskolonien ab, damit ihre Larven nach der Geburt sofort Nahrung haben.

Die Hainschwebfliege überwintert versteckt unter Efeublättern – egal ob als Larve oder ausgewachsenes Insekt. Während dieser Zeit braucht sie keine Nahrung, da ihr Stoffwechsel verlangsamt ist: Sie befindet sich in der »Diapause«. Sobald es ab Februar wieder milder wird, ernährt sie sich vom Pollen der Weiden- und Haselblüten. Sie geht außerdem gern auf Wanderschaft: Einige Exemplare ziehen im Winter in den Süden.

Länge
7–10 mm

Spannweite
12–18 mm

Lateinischer Name
Episyrphus balteatus

Metamorphose

Ei
2–7 Tage

Larve
15–20 Tage

Puppe
10–15 Tage

Imago
1 Monat

Nahrung

Die Larve ist ein **Fleischfresser.**
Sie ernährt sich von Blattläusen.

Die Imago ist ein **Pflanzenfresser.**
Sie ernährt sich von
Blütennektar.

Nicht zu verwechseln mit ...

Gemeine Wespe:
Sie ist größer und ihre Flugbewegungen
sind fließend. Die Schwebfliege dagegen
erkennt man an ihrem Rüttelflug.

Geografie

Die Hainschwebfliege ist in Europa,
Nordafrika, Asien und Australien verbreitet.

Migration

Einige ihrer Art sind Wanderinsekten.

→ **Entdecke ihre Reiseroute auf S. 212.**

Bestimmungsleitfaden

Die Augen des Männchens sind engstehend.

↓

♂

Augen: groß und dunkelrot

Thorax: behaart →

Zwei netzartig geäderte Flügel

↙

♀

Hinterleib: orangegelb-schwarz gestreift

Beobachtungsort und -zeitraum

Auf Blumen, Steinen und Kieswegen, am Waldrand. Von Frühling bis Herbst.

Beobachtungsschwierigkeit

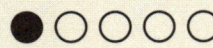

Gemeiner Bläuling
S. 79

Distelfalter
S. 83

Dunkle Erdhummel
S. 87

Wanderheuschrecke
S. 91

Schwalbenschwanz
S. 101

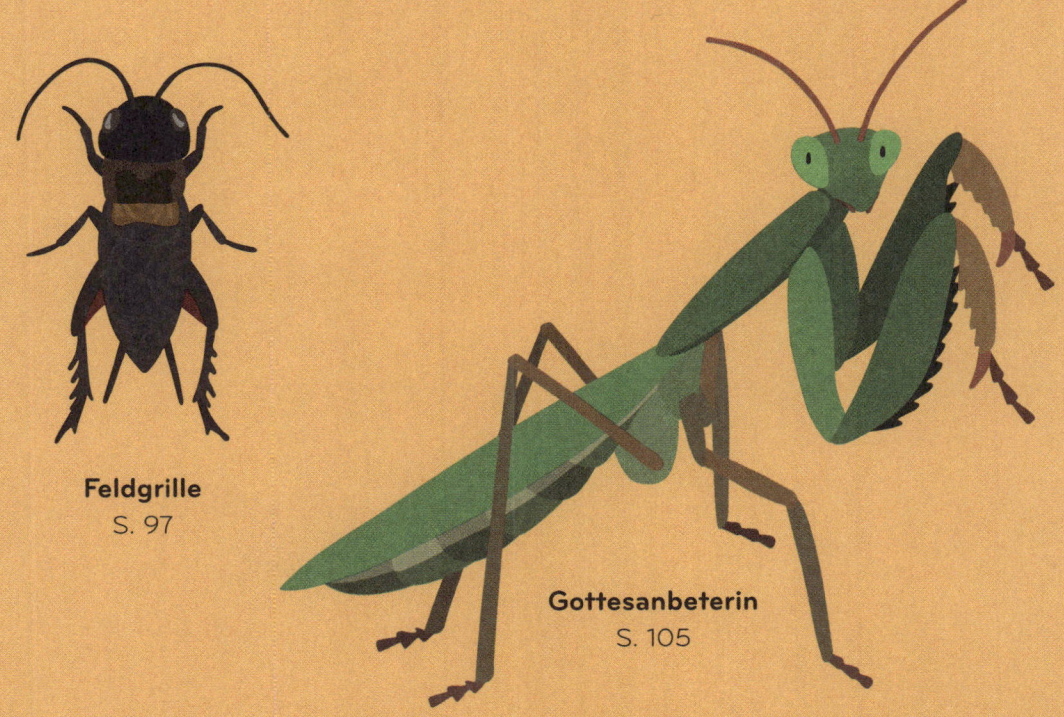

Feldgrille
S. 97

Gottesanbeterin
S. 105

Wiesen und Felder

Kohlschabe
S. 109

Admiral
S. 113

Gemeiner Bläuling

Aufgezogen von Ameisen

Ordnung
Schmetterlinge

Aktivität
Tag

Lebensraum
Wiesen und Felder

Innerhalb eines Jahres entstehen zwei bis drei Generationen vom Gemeinen Bläuling. Die Raupe spinnt ihren Seidenkokon und vergräbt sich dafür im Laub. Passiert dies kurz vor Winterbeginn, lässt sich ein interessantes Phänomen beobachten: Die Raupe sondert einen süßlichen Honigtau ab, der Ameisen anlockt. Diese bringen die Raupe daraufhin in ihren Ameisenhaufen und kümmern sich den ganzen Winter über um sie, sie füttern und beschützen sie vor Fressfeinden. Im Austausch dafür erhalten die Ameisen den Honigtau. Im Frühjahr verwandelt sich die Raupe in eine Puppe, bevor sie ein wunderschöner Schmetterling wird! Als Imago verlässt dieser seine ungewöhnliche Kinderstube und sammelt Pollen und Nektar von den ersten Frühlingsblumen.

Dieser blaue Schmetterling mit geringer Spannweite ist ein Stammgast auf sonnigen Wiesen und Kieswegen.

Länge
~ 12 mm

Spannweite
20–30 mm

Lateinischer Name
Polyommatus icarus

Metamorphose

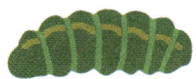

Ei
1–2 Wochen

Raupe
2–3 Monate

Puppe
2–4 Wochen

Imago
3–5 Wochen

Nahrung

Raupe und Imago sind **Pflanzenfresser.**
Die Raupe ernährt sich von Blättern und die
Imago vom Nektar der Erbsen, Luzerne,
des Klees und der Minze.

Nicht zu verwechseln mit ...

Faulbaum-Bläuling:
Seine Flügeloberseite ist violetter.
Die Flügel der Weibchen haben
große, schwarze Ränder.

Geografie

Der Gemeine Bläuling ist in Europa, Asien,
Australien verbreitet und siedelte sich mittlerweile auch in Nordamerika (Québec) an.

Migration

Der Gemeine Bläuling ist sesshaft
und kein Wanderinsekt.

Bestimmungsleitfaden

Oberseite

Unterseite

Flügel: hellblaugrau mit gelben bis orangefarbenen Punkten am Rand

♂

♂

Flügel: blau mit schwarzem Rand

Flügel: hellbraun mit orangefarbenen Punkten am Rand

♀

♀

Flügel: braun bis blau mit gelben Punkten am Rand

Beobachtungsort und -zeitraum

Auf Blumen, Gräsern und Kieswegen.
Von Frühling bis Herbst.

Beobachtungsschwierigkeit

Distelfalter

Der Sportler

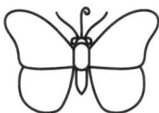

Ordnung
Schmetterlinge

Aktivität
Tag

Lebensraum
Wiesen, Felder
und Wälder

Am Waldrand, auf einer schönen Wiese oder in einem Blumengarten kann man die Akrobatik- künste des Distelfalters beobachten. Er ist einer der weitverbreitetsten Schmetterlinge der Welt, ein Wanderinsekt und ein großer Sportler: Er kann bis zu 500 km am Tag zurücklegen und in Gebirgshöhen von bis zu 2000 m fliegen! Bei hohen Temperaturen ändert er sein Flugverhalten, um die zarten Schuppen seiner Flügel vor direkter Sonneneinstrahlung und Überhitzung zu schützen. Seine Wanderungen können mehrere Monate dauern, obwohl der Distelfalter nur ein paar Wochen lebt ... Dies ist möglich, weil sich die Reise über mehrere Generationen hinwegzieht.

Der Schmetterling legt seine Eier auf Wirtspflanzen ab, zum Beispiel Brennnessel und Distel, von denen sich die Raupen dann ernähren. Daher kommt auch sein Name.

Länge
20–30 mm

Spannweite
50–60 mm

Fluggeschwindigkeit
25–30 km/h

Lateinischer Name
Vanessa cardui

Metamorphose

Ei
1 Woche

Raupe
2–6 Wochen

Puppe
1–2 Wochen

Imago
2 Wochen

Nahrung

Raupe und Imago sind **Pflanzenfresser.**
Die Raupe ernährt sich von Distel-,
Brennnessel- und Lavendelblättern
und die Imago von deren Nektar.

Nicht zu verwechseln mit ...

Admiral:
Seine Flügel sind schwarz und
haben orangerote Streifen.

Geografie

Der Distelfalter ist auf der ganzen Welt
verbreitet.

Migration

Der Distelfalter ist ein Wanderinsekt.

→ **Entdecke seine Reiseroute auf S. 212.**

Bestimmungsleitfaden

Oberseite

Flügel: orange mit schwarzen und weißen Flecken

Vorderflügel: rot bis orange

Hinterflügel: beige und weiß

Unterseite

Beobachtungsort und -zeitraum

Auf Blumen, Kieswegen, am Waldrand.
Von Frühlingsbeginn bis Spätsommer.

Beobachtungsschwierigkeit

Dunkle Erdhummel

Das flauschige Pelzknäuel

Ordnung
Hautflügler

Aktivität
Tag

Lebensraum
Wiesen, Felder
und Gärten

Mit ihrer rundlichen Figur und ihrem schwerfälligen Flug bleibt die Dunkle Erdhummel nicht unbemerkt. An ihren Hinterbeinen befinden sich Täschchen, auch »Pollenhöschen« oder »Körbchen« genannt, mit denen sie Pollen sammeln und transportieren kann. Nur die Weibchen können stechen, aber das kommt sehr selten vor: Sie sparen sich ihre Energie lieber auf, um Nektar und Pollen von schönen Blumen zu sammeln.

Im Spätsommer überlebt nur die Königin. In einem Hohlraum oder einem unbewohnten Nagerbau baut sie sich ein gemütliches Nest aus Grashalmen, Blättern und Tierhärchen. Mit dem Samen, den sie mehrere Monate lang in ihrer Samenblase am Hinterleib speichert, kann sie ein neues Volk gründen, wenn es wieder wärmer wird. Diese Methode ist unter den geselligen Hautflüglern wie Ameisen und Bienen üblich.

Länge
Arbeiterin:
11–23 mm

Drohne:
10–17 mm

Königin:
13–32 mm

Lateinischer Name
Bombus terrestris

Achtung!
Kann stechen
(selten)

Metamorphose

Ei
3–5 Tage

Larve
7–8 Tage

Puppe
12–14 Tage

Imago
Arbeiterin/Drohne: 2 Monate
Königin: 1 Jahr

Nahrung

Larve und Imago sind **Pflanzenfresser.**
Sie ernähren sich vom Nektar
der Löwenzahn-, Lavendel-, Rosmarin-
und Kleepflanzen.

Nicht zu verwechseln mit ...

Gartenhummel:
Sie hat drei gelbe Streifen.

Geografie

Die Dunkle Erdhummel ist auf
der ganzen Welt verbreitet.

Migration

Die Dunkle Erdhummel ist sesshaft
und kein Wanderinsekt.

Bestimmungsleitfaden

Körper: behaart, schwarz mit
zwei gelben Streifen

Arbeiterin oder Drohne ♀ ♂

Hinterleibsspitze:
weiß

Hinterleibsspitze:
hellgelb

Königin ♀

Beobachtungsort und -zeitraum
Auf Blumen. Von Frühling
bis Spätsommer.

Beobachtungsschwierigkeit

Wanderheuschrecke

Die Zweifarbige

Ordnung
Geradflügler

Aktivität
Tag

Lebensraum
Wiesen und Felder

Bei den Heuschrecken singen nur die Männchen, genauer gesagt zirpen sie, indem sie ihre langen Hinterbeine an ihren Flügeln reiben. Sie hören mithilfe des Trommelfells an ihrem Hinterleib.

Wanderheuschrecken können je nach Lebensweise und Lebensraum anders aussehen: In Europa sind sie grün gefärbt, Einzelgänger und wandern nicht. In Afrika und Asien sind sie braun, leben in Herden und wandern in riesigen Schwärmen, die Getreidefelder verwüsten. Sie können über 17 Stunden lang am Stück fliegen und mehrere Hundert Kilometer an einem Tag zurücklegen!

Geröstet, gesalzen und getrocknet werden die Heuschrecken in Asien wie Chips gegessen. Forschungen haben gezeigt, dass Insekten wegen ihres Eiweißgehalts und ihrer geringen Umwelt-belastung Fleisch ersetzen könnten.

Länge
40–70 mm

Lateinischer Name
Locusta migratoria

Metamorphose

Eier	**Larve**	**Imago**
10 Tage bis 2 Monate	3 Wochen bis 3 Monate	2–5 Monate

· ·

Nahrung

Larve und Imago sind
Pflanzenfresser. Sie ernähren sich
von Gras und Samen.

Nicht zu verwechseln mit ...

Heidegrashüpfer:
Er ist kleiner (30 mm). Auf seinen Flügeln,
die nicht über den Hinterleib hinausragen,
kann man einen kleinen weißen Fleck und
einen langen weißen Strich erkennen.

· ·

Geografie

Die Wanderheuschrecke ist in Europa,
Afrika, Asien und Australien verbreitet.

Migration

In Europa ist die Wanderheuschrecke
sesshaft und kein Wanderinsekt. In Afrika
und Asien ist sie ein Wanderinsekt.

Bestimmungsleitfaden

Dunkle
Flecken auf
den Flügeln

Körper: grün

Hinterleib:
gelb

Sesshafte
Einzelgänger

Körper: braun
und beige

Wandernde
Herdentiere

Beobachtungsort und -zeitraum
In Wiesen und auf Kieswegen.
Überwiegend im Sommer.

Beobachtungsschwierigkeit

Sprungmeister

Mit ihren kräftigen Hinterbeinen können Heuschrecken bis zu 1 m weit springen! Für eine noch weitere Flugweite öffnen sie ihre Flügel.

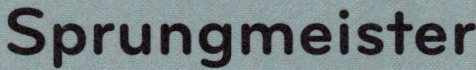

Feldgrille

Die Sängerin

Ordnung
Geradflügler

Aktivität
Dämmerung

Lebensraum
Wiesen, Felder
und Gärten

Die Feldgrille lebt versteckt in hohen Gräsern.
Mit ihren kräftigen Vorderbeinen gräbt sie einen
etwa 40 cm langen Gang, in dem sie ihr Nest
baut. Der Eingang ist ein Loch, vor dem die Erde
stufenartig abgetragen wurde. Sobald es Frühling
wird, lässt sich das Männchen dort nieder und
beginnt zu zirpen, indem es seine Deckflügel –
verhärtete Vorderflügel, die seine Membranflügel
bedecken – aneinanderreibt. Das Männchen lockt
so das Weibchen an und markiert sein Revier.
Bei der kleinsten Bedrohung versteckt sich
das Männchen, da es nicht fliegen kann.

Während der Fortpflanzung schlüpft das Männchen
unter das Weibchen, das größer ist. Dann legt er
sein Samenpaket ab, in dem sich die Samenzellen
befinden. Diese wandern anschließend zu den
Geschlechtsorganen des Weibchens. Dieses besitzt
eine Legeröhre – ein langes, schlankes Organ unter
seinem Hinterleib, das aussieht wie ein Stachel, mit
dem es seine Eier in die Erde legen kann.

Länge
Weibchen:
19–27 mm

Männchen:
18–26 mm

Lateinischer Name
*Gryllus
campestris*

Metamorphose

Eier
8–50 Tage

Larve
3–5 Monate

Imago
6 Monate bis 2 Jahre

Nahrung

Nicht zu verwechseln mit ...

Hausgrille:
Sie ist schmaler und
komplett goldbraun.

Larve und Imago sind **Allesfresser.**
Sie ernähren sich von Blättern, Samen,
Gras, Früchten und kleinen Insekten.

Geografie

Die Feldgrille ist in Europa, Afrika, Asien
und Nordamerika verbreitet.

Migration

Die Feldgrille ist sesshaft
und kein Wanderinsekt.

Bestimmungsleitfaden

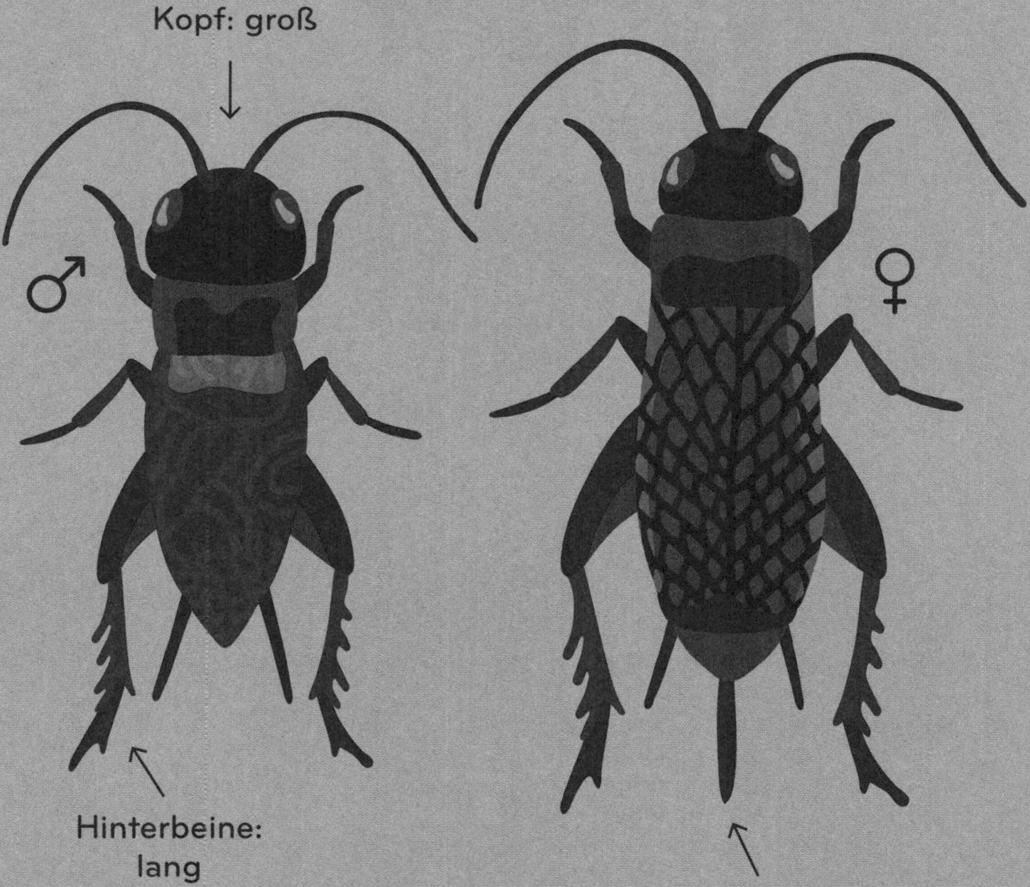

Kopf: groß

♂

Hinterbeine:
lang

Die Deckflügel des
Männchens und des
Weibchens haben
weder dieselbe Farbe
noch dasselbe Muster.

♀

Legeröhre
(Eiablageapparat)

Beobachtungsort und -zeitraum

In hohen Gräsern, Böschungen, Rasen
und auf Feldern. Überwiegend von
Frühling bis Sommer.

Beobachtungsschwierigkeit

Schwalbenschwanz

Der große Segler

Ordnung
Schmetterlinge

Aktivität
Tag

Lebensraum
Wiesen, Felder,
Gärten und Berge

Den Schwalbenschwanz erkennt man an seinen beiden schmalen, spitzen Hinterflügelfortsätzen. Der große hellgelbe und schwarze Schmetterling nutzt den Wind: Er lässt sich gleiten und schlägt nur sehr selten mit seinen Flügeln.

Man findet ihn auf Karotten- und Fenchelpflanzen. Im späten Frühjahr legt das Weibchen seine Eier auf den Blättern dieser Pflanzen ab. Mit etwas Glück kann man beobachten, wie die Raupe sich in der durchsichtigen Eihülle entwickelt. Die pummelige grüne Raupe kann sich mithilfe eines gabelförmigen Organs an ihrem Kopf verteidigen – die Nackengabel oder das »Osmaterium«. Es produziert einen übel riechenden Stoff mit einem ekelerregenden Geschmack, der ihre Fressfeinde vertreibt.

Länge
30–90 mm

Spannweite
70–90 mm

Lateinischer Name
Papilio machaon

Metamorphose

Ei
1 Woche

Raupe
3–4 Wochen

Puppe
2 Wochen
bis 8 Monate

Imago
1–3 Wochen

Nahrung

Raupe und Imago sind **Pflanzenfresser.**
Die Raupe ernährt sich von den Blättern
der Karotten- und Fenchelpflanzen und die
Imago von deren Nektar.

Nicht zu verwechseln mit ...

Segelfalter:
Seine Flügel haben
ein schwarz-weißes Zebramuster
und seine Hinterflügelfortsätze
sind länger.

Geografie

Der Schwalbenschwanz ist in Europa,
Asien, Nordafrika und im Osten von
Nordamerika verbreitet.

Migration

Der Schwalbenschwanz ist
ein Wanderinsekt.

Bestimmungsleitfaden

Flügel: hellgelb mit schwarzem Muster

Blaue und rote Punkte auf den Hinterflügeln

Hinterflügelfortsätze

Oberseite

Flügel: heller und glanzloser

Unterseite

Beobachtungsort und -zeitraum

In Gemüsegärten, auf Wiesen und Gebirgswegen. Von Spätwinter bis Herbst.

Beobachtungsschwierigkeit

Gottesanbeterin

Kräftige Beinchen

Ordnung
Fangschrecken

Aktivität
Tag

Lebensraum
Wiesen und Felder

Die Gottesanbeterin legt sich in hohen Gräsern auf die Lauer nach einer knusprigen Heuschrecke oder einem Schmetterling. Ihren Namen hat sie aufgrund ihrer Körperhaltung: Sie faltet die Vorderbeine vor der Brust und sieht dabei aus, als würde sie beten.

Mit einer beeindruckenden Schnelligkeit schnappen ihre Fangbeine, die wegen ihrer kleinen Dornen auf der Innenseite ziemlich furchterregend aussehen, die Beute der Gottesanbeterin. Sie besitzt zwar Flügel, fliegt aber nicht sehr geschickt. Sie ruft Schaudern hervor, da sie das Männchen manchmal während oder nach der Paarung verschlingt. Denn das Männchen ist eine wichtige Eiweißquelle, die für die gesunde Entwicklung des Nachwuchses wichtig ist.

Der Sehsinn der Gottesanbeterin ist äußerst hoch entwickelt. Und sie kann sogar ihren Kopf um 360 Grad drehen – was bei Insekten selten vorkommt – und dreidimensional sehen. Sie greift keine Menschen an, nur wenn man sie wirklich reizt, kann sie auch mal zubeißen.

Länge
Weibchen:
75 mm

Männchen:
50 mm

Lateinischer Name
Mantis religiosa

....

Achtung!
Kann beißen
(selten)

Metamorphose

Ei (im Kokon)
2–7 Tage

Larve
2–3 Wochen

Imago
2–3 Jahre

Nahrung

Larve und Imago sind **Fleischfresser.**
Sie ernähren sich von Heuschrecken,
Grashüpfern, Bienen, Schmetterlingen
und Fliegen.

Nicht zu verwechseln mit ...

Mittelmeer-Gottesanbeterin:
Sie ist kleiner als die Gottesanbeterin
(~ 50 mm). Ihre Hinterflügel sind zum
Teil rot gefärbt und haben einen bläulich-
schwarzen Augenfleck.

Geografie

Die Gottesanbeterin stammt aus dem
Mittelmeerraum, aber inzwischen ist sie
in Europa, Asien, Afrika, Australien und
auch Nordamerika verbreitet, wo sie
als Eindringling gilt.

Migration

Die Gottesanbeterin ist sesshaft
und kein Wanderinsekt.

Bestimmungsleitfaden

Beine mit
kleinen Dornen
(»Fangbeine«)

Augen: groß

Körper: lang

♀

Geöffnete Flügel

Die Färbung kann von grün
bis braun variieren
(bei beiden Geschlechtern).

♂

Das Männchen ist
kleiner und schmaler

Beobachtungsort und -zeitraum

In hohen Gräsern, auf Trockenwiesen und
in Weinbergen. Nur im Sommer.

Beobachtungsschwierigkeit

Kohlschabe

Winzling mit Kohldampf

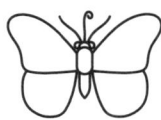

Ordnung
Schmetterlinge

Aktivität
Nacht

Lebensraum
Wiesen, Felder
und Gärten

Die Kohlschabe sieht nicht aus wie andere
Schmetterlinge. Sie ist nur 10 mm groß, und ihr
Körper ist schmal und länglich. Im Ruhezustand
sind ihre Flügel, die an den Rändern Fransen
aufweisen, am Rücken dachartig angelegt.
In der Mitte der Flügel verläuft längs eine gewellte,
helle Linie. Ihre Fühler sind oft nach vorn gerichtet.

Während die Imago Nektar von Blumen sammelt,
verwüstet die Raupe lieber Raps-, Senf- und
Kohlfelder. Die oberen Blätter lässt sie in Ruhe und
knabbert nur die unteren an. Dadurch erhalten
die Pflanzen ein interessantes Lochmuster. Wenn
man sie auch nur leicht berührt, krümmt die Raupe
sich zusammen und lässt sich auf den Boden fallen.

Länge
~ 10 mm

Spannweite
12–17 mm

Lateinischer Name
Plutella xylostella

Metamorphose

| **Eier** | **Raupe** | **Puppe** | **Imago** |
| 3 Tage | 6–10 Tage | 4 Tage | 10 Tage |

Nahrung

Raupe und Imago sind **Pflanzenfresser.**
Die Raupe ernährt sich von den Blättern der
Kohl-, Senf- und Rapspflanzen. Die Imago
bevorzugt den Nektar der Blüten.

Nicht zu verwechseln mit ...

Kleidermotte:
Sie ist vollkommen beige und sucht
in Häusern Zuflucht, wohingegen
die Kohlschabe auf Feldern
und in Gärten zu finden ist.

Geografie
Die Kohlschabe ist auf allen Kontinenten
verbreitet.

Migration
Die Kohlschabe ist sesshaft
und kein Wanderinsekt.

Bestimmungsleitfaden

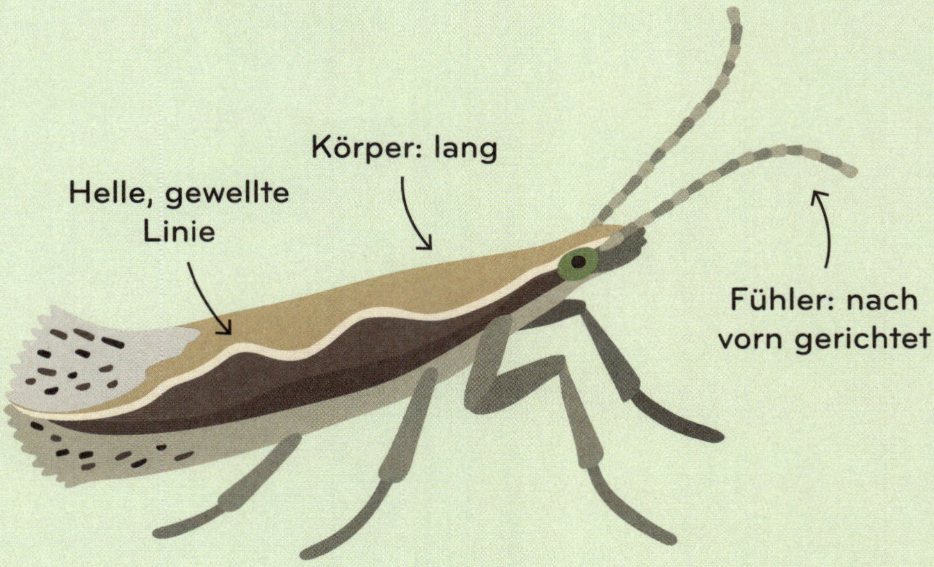

Körper: lang

Helle, gewellte Linie

Fühler: nach vorn gerichtet

Geöffnete Flügel

Fransen an den Flügelrändern

Beobachtungsort und -zeitraum

In Gemüsegärten und auf angebauten Feldern. Von Frühling bis Herbst.

Beobachtungsschwierigkeit

Admiral

Liebhaber der Brennnessel

Ordnung
Schmetterlinge

Aktivität
Tag

Lebensraum
Wiesen, Felder,
Gärten und Berge

Der Admiral liebt reife Früchte, aber mit seinem schwachen Saugrüssel kann er sich nicht in deren Fruchtfleisch hineinbohren. Deswegen muss er warten, bis die Früchte von den Bäumen fallen und am Boden weich werden. Erst dann kann er den Fruchtsaft aufsaugen. Für die Imagines und Raupen steht jedoch auch die Brennnessel ganz oben auf dem Speiseplan. Und auf den Brennnesselblättern legt das Weibchen einzeln seine kleinen, grünen Eier ab.

Der Admiral überwintert als Imago oder Puppe in Hohlbäumen, Mauerritzen oder in alten, dunklen Scheunen. Bei den ersten wärmenden Sonnenstrahlen kommt er aus seinem Versteck, manchmal sogar bereits im Februar! Doch wenn es zu kalt ist, fliegt er in Richtung Süden und überquert dabei Berge, Meere und Seen, bis er das für ihn passende Klima findet.

Länge
25–30 mm

Spannweite
50–60 mm

Fluggeschwindigkeit
14 km/h

Lateinischer Name
Vanessa atalanta

Metamorphose

Ei	**Raupe**	**Puppe**	**Imago**
1 Woche	2–4 Wochen	1–3 Wochen	3 Wochen bis 7 Monate

Nahrung

Raupe und Imago sind **Pflanzenfresser.**
Die Raupe ernährt sich von den Blättern der
Brennnessel- und Hopfenpflanzen und die
Imago von deren Nektar.

Nicht zu verwechseln mit ...

Distelfalter:
Seine Flügel sind orangefarbener
und haben keinen roten Streifen.

Geografie

Der Admiral ist in Europa, Asien, Nordafrika
und Nordamerika verbreitet.

Migration

Einige Exemplare sind Wanderinsekten.

→ **Entdecke seine Reiseroute auf S. 212/213.**

Bestimmungsleitfaden

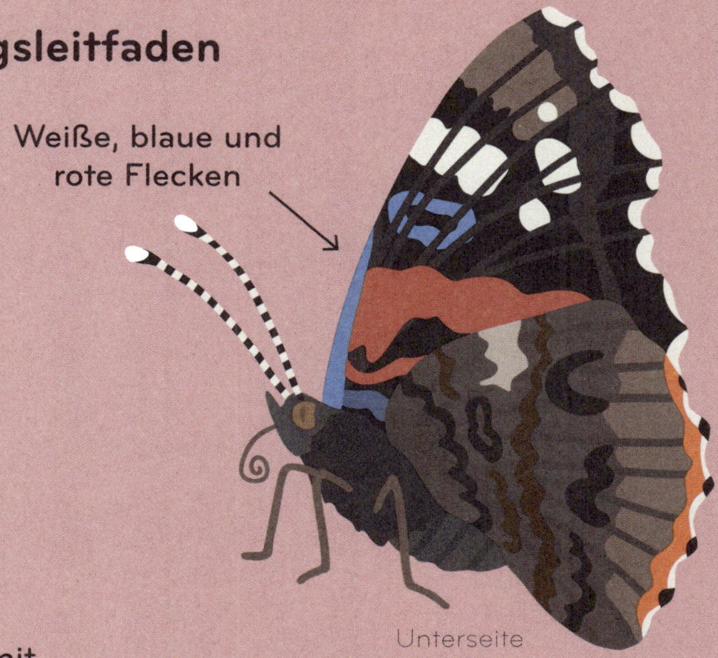

Weiße, blaue und
rote Flecken

Unterseite

Flügel: dunkel mit
roten Streifen und
weiße Flecken

Streifen: orange

Oberseite

Beobachtungsort und -zeitraum

Auf Feldern, in Blumengärten, auf
Gebirgswegen. Von Frühling bis Herbst.

Beobachtungsschwierigkeit

Raupe in Brennnesselblättern

Die Raupe des Admirals ist ziemlich raffiniert! Sie zerkaut den Stiel eines Brennnesselblatts, das dadurch vertrocknet und sich um sie herumrollt. Die Raupe spinnt Seidenfäden, die am Blatt haften, bevor sie darin wie in einen Schlafsack hineinschlüpft. Wenn sie zu groß geworden ist, baut sie sich einfach eine neue Unterkunft.

Vierfleck
S. 131

Fliegenhaft
S. 139

Gemeine Stechmücke
S. 135

Gelbrandkäfer
S. 127

Feuchtgebiete

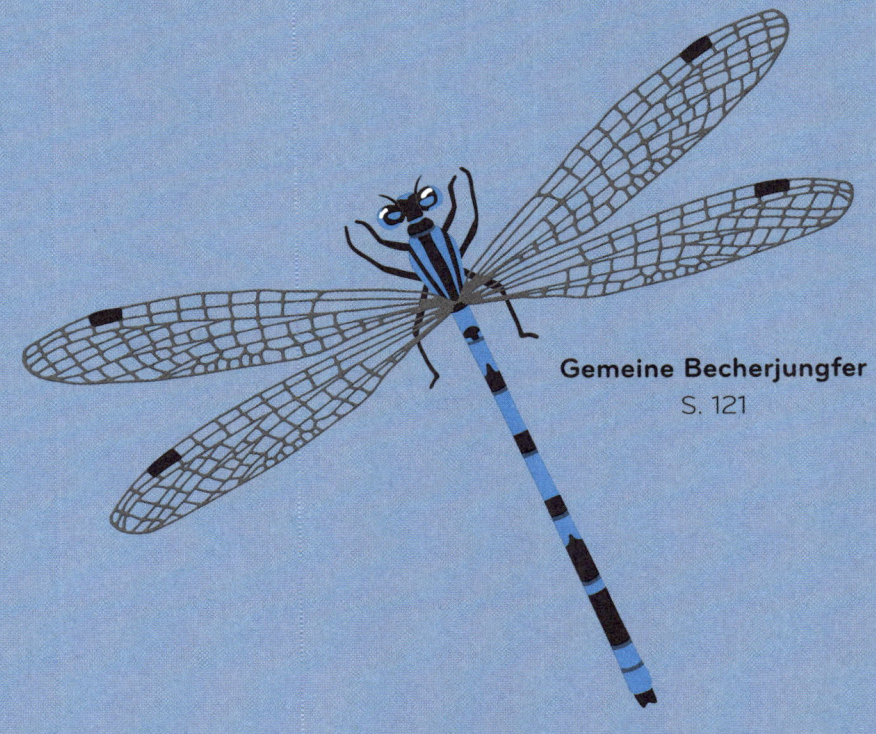

Gemeine Becherjungfer
S. 121

Gemeine Becherjungfer

Die Akrobatin

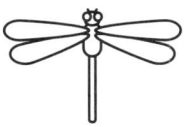

Ordnung
Libellen

Aktivität
Tag

Lebensraum
Feuchtgebiete

Wenn die Gemeine Becherjungfer sich niederlässt, klappt sie ihre vier dünnen Flügel über dem Rücken zusammen. Man sieht sie an Teichen, Tümpeln und ruhig fließenden Gewässern, wo sie von Seerose zu Seerose fliegt.

Für die Fortpflanzung vereint sich das Insektenpaar und führt dabei eine Art Tanz auf. Auf einer Pflanze streckt das Männchen seinen Hinterleib und hält das Weibchen am Kopf fest, während dieses sich so krümmt, dass das Ende seines Hinterleibs an die Geschlechtsorgane des Männchens gelangt. Diese herzförmige Stellung nennt man auch »Paarungsrad«. Das Männchen bleibt eine Weile eng mit dem Weibchen verbunden, um zu verhindern, dass sich ihm ein anderes Männchen nähert. Die beiden können so sogar zusammen umherfliegen! Nach der Begattung taucht das Weibchen mehrere Zentimeter tief ins Wasser und legt auf Algen Hunderte Eier ab.

Länge
30–35 mm

Spannweite
30–40 mm

Lateinischer Name
Enallagma cyathigerum

Metamorphose

Eier
1–2 Wochen

Larve
2–8 Monate

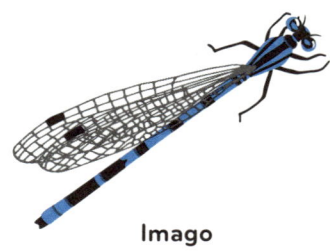

Imago
2–5 Wochen

Nahrung

Die Larve ist ein **Fleischfresser.**
Sie ernährt sich von Kaulquappen,
Wasserinsekten und deren Larven.

Die Imago ist ein **Fleischfresser.**
Sie ernährt sich von Fliegen
und Mücken.

Nicht zu verwechseln mit ...

Hufeisen-Azurjungfer (links):
Auf dem zweiten Hinterleibsegment hat
sie ein u-förmiges Muster. Der gleiche Teil
bei der Gemeinen Becherjungfer (rechts)
sieht in der Regel aus wie ein Pilz.

Geografie

Die Gemeine Becherjungfer ist in Europa
und Nordamerika verbreitet.

Migration

Die Gemeine Becherjungfer ist sesshaft
und kein Wanderinsekt.

Bestimmungsleitfaden

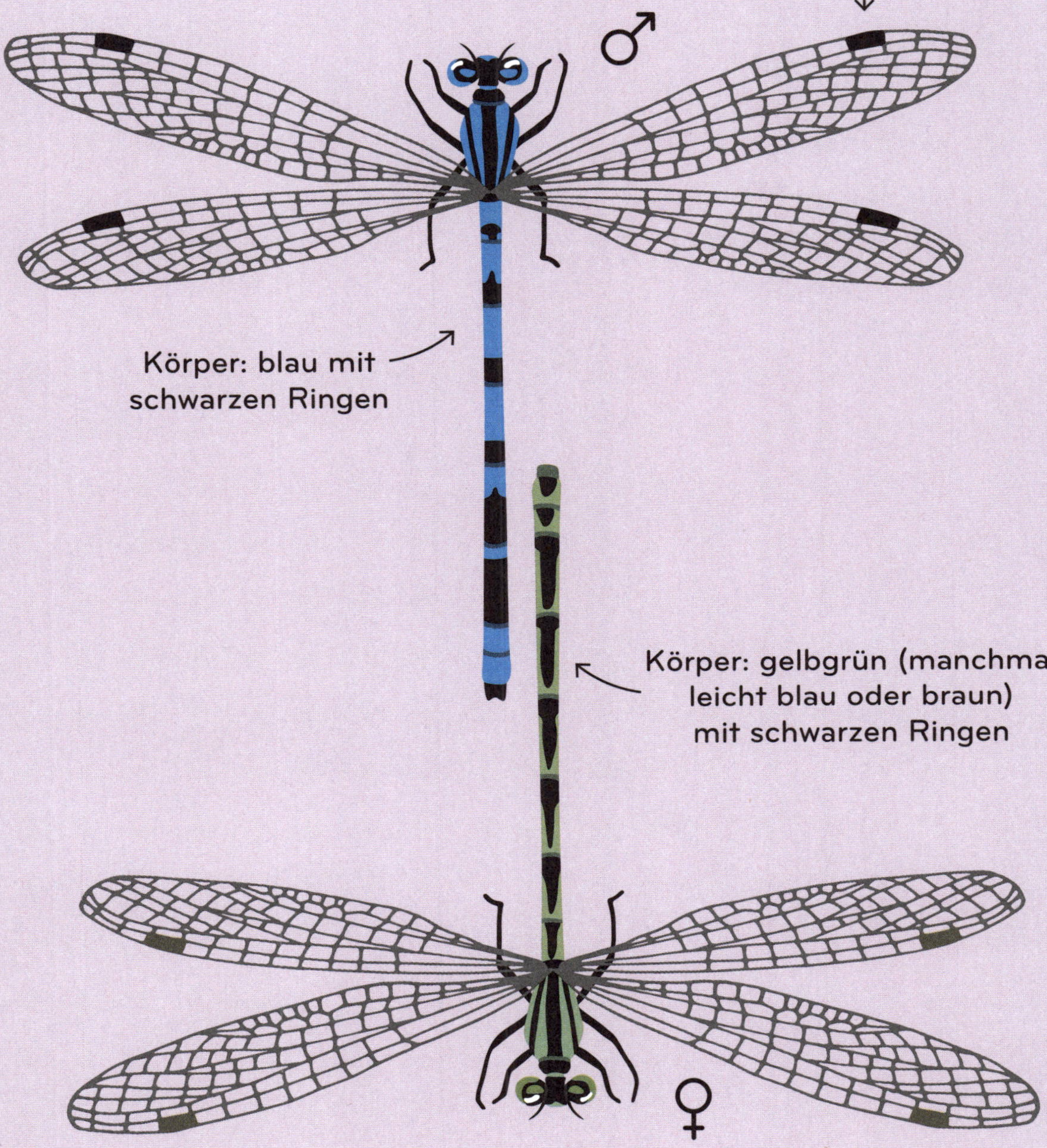

Schwarze Punkte
auf den Flügeln

♂

Körper: blau mit
schwarzen Ringen

Körper: gelbgrün (manchmal
leicht blau oder braun)
mit schwarzen Ringen

♀

Beobachtungsort und -zeitraum

In Feuchtgebieten, auf Wasserpflanzen.
Von Frühling bis Herbst.

Beobachtungsschwierigkeit

Groß- oder Kleinlibelle?

Die Gemeine Becherjungfer ist eine Libellenart, die zur Unterordnung der Kleinlibellen zählt und nicht zur Unterordnung der Großlibellen. Aber wie kann man sie unterscheiden?

Wenn sie sich niederlässt, legt sie ihre Flügel zusammen

Die Augen stehen weit auseinander

Die Gemeine Becherjungfer ist eine **Kleinlibelle**

Sie ist klein und schmal

Die Augen stehen
eng zusammen

Der Vierfleck ist
eine **Großlibelle**

Er ist groß
und kräftig

Wenn er sich niederlässt,
stehen seine Flügel
seitlich vom Körper ab

Gelbrandkäfer

Meister im Luftanhalten

Ordnung
Käfer

Aktivität
Tag

Lebensraum
Feuchtgebiete

In stehenden, pflanzenreichen Gewässern hält sich ein außergewöhnlicher »Wasserkäfer« auf: der Gelbrandkäfer. Unter seinen Deckflügeln legt er Sauerstoffreserven an, mit denen er minutenlang unter Wasser bleiben kann. Mit seinen Hinterbeinen, die so flach sind wie kleine Paddel, kann er sich im Wasser fortbewegen, um nach Nahrung zu suchen oder vor dem hungrigen Reiher zu fliehen!

Zu Beginn des Sommers wird die Larve zu einer Puppe. Sie verlässt den Tümpel und gräbt ein Loch in die Erde, wo sie etwa zwei Wochen bleibt, bevor sie zur Imago wird. Die Imagines fliegen nachts oft von Tümpel zu Tümpel auf der Suche nach einem Partner oder einer Partnerin.

Wenn du dieses Insekt entdeckst, solltest du es in Ruhe lassen, denn es kann sich sehr gut verteidigen: Der ausgewachsene Käfer hat an den Schienbeinen sehr scharfe Borsten, und die Larve kann mit ihren Mundwerkzeugen den Menschen Bisse zufügen, die genauso schmerzhaft sind wie ein Wespenstich.

Länge
30–35 mm

Lateinischer Name
Dytiscus marginalis

Achtung!
Die Larve beißt.
Die Imago kann
mit ihren Hinter-
beinen schneiden.

Metamorphose

Eier
10 Tage

Larve
5–6 Wochen

Puppe
2 Wochen

Imago
2–5 Jahre

Nahrung

Nicht zu verwechseln mit ...

Larve und Imago sind **Fleischfresser.**
Sie ernähren sich von kleinen Fischen,
Kaulquappen und Fischbruten.
Die Imago frisst manchmal
Larven anderer Wasserinsekten.

Großer Kolbenwasserkäfer:
Er ist komplett schwarz und kann
bis zu 40–50 mm lang werden.

Geografie

Der Gelbrandkäfer ist in Europa, Asien
und Nordamerika verbreitet.

Migration

Der Gelbrandkäfer ist sesshaft
und kein Wanderinsekt.

Bestimmungsleitfaden

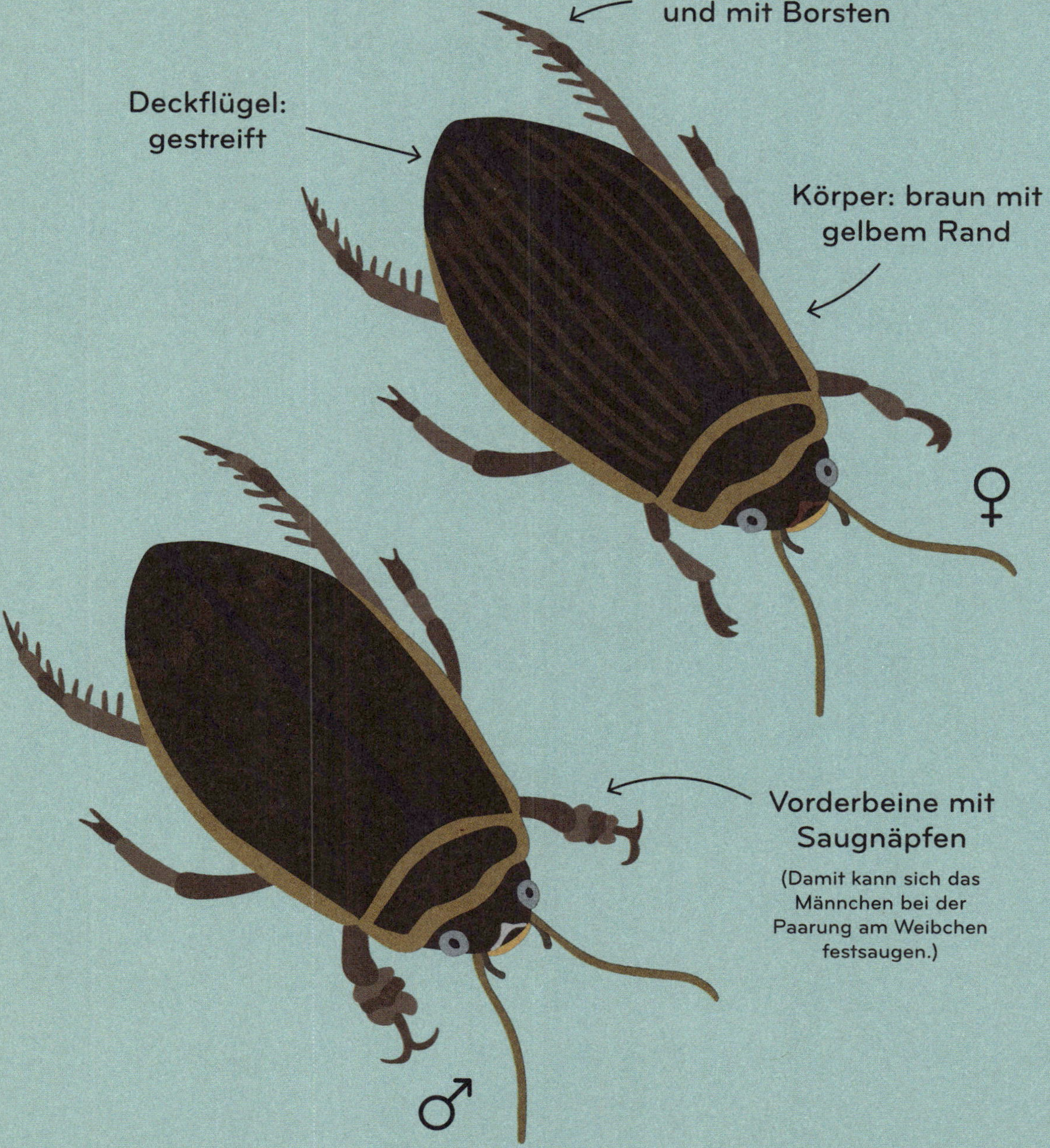

Hinterbeine: flach
und mit Borsten

Deckflügel:
gestreift

Körper: braun mit
gelbem Rand

♀

Vorderbeine mit
Saugnäpfen

(Damit kann sich das
Männchen bei der
Paarung am Weibchen
festsaugen.)

♂

Beobachtungsort und -zeitraum

In Feuchtgebieten, vor allem Moore. Doch
man sieht ihn nur selten, da er sich
die meiste Zeit unter Wasser aufhält.
Von Frühling bis Sommer.

Beobachtungsschwierigkeit

Vierfleck

Ein fliegendes Juwel

Ordnung
Libellen

Aktivität
Tag

Lebensraum
Feuchtgebiete

Auf einem Ast sitzend, erscheint der Vierfleck in all seiner Pracht. Auf seinem goldbraunen Körper befinden sich vier Flügel mit gut sichtbaren, kleinen schwarzen Punkten an den Rändern. Das Männchen kann sich gegenüber anderen Moorinsekten aggressiv verhalten, wenn es sein Revier verteidigen muss.

Verliebte Vierflecke paaren sich im Flug für gerade einmal ein paar Sekunden. Anschließend legt das Weibchen die Eier auf schwimmende Wasserpflanzen ab. Nach nur einem Tag schlüpfen die Larven bereits aus den Eiern. Sie entwickeln sich ein paar Wochen lang im Wasser weiter und durchlaufen mehrere Häutungen, bevor sie schöne ausgewachsene Libellen werden.

Als Imago ernährt sich dieses große Insekt gern von Fliegen und Mücken. Die Larven dagegen fressen Kaulquappen.

Länge
40–50 mm

Spannweite
60–80 mm

Lateinischer Name
Libellula quadrimaculata

Metamorphose

Eier
1 Tag

Larve
2–3 Wochen

Imago
1–2 Monate

Nahrung

Die Larve ist ein **Fleischfresser.**
Sie ernährt sich von Kaulquappen,
Wasserinsekten und deren Larven.

Die Imago ist ein **Fleischfresser.**
Sie ernährt sich von Fliegen
und Mücken.

Nicht zu verwechseln mit ...

Wanderlibelle:
Ihr Körper ist schmaler und gelb.
Jeder Flügel hat einen einzelnen
roten Punkt.

Geografie

Der Vierfleck ist in Europa, Asien und
Nordamerika verbreitet.

Migration

Der Vierfleck ist ein Wanderinsekt.

Bestimmungsleitfaden

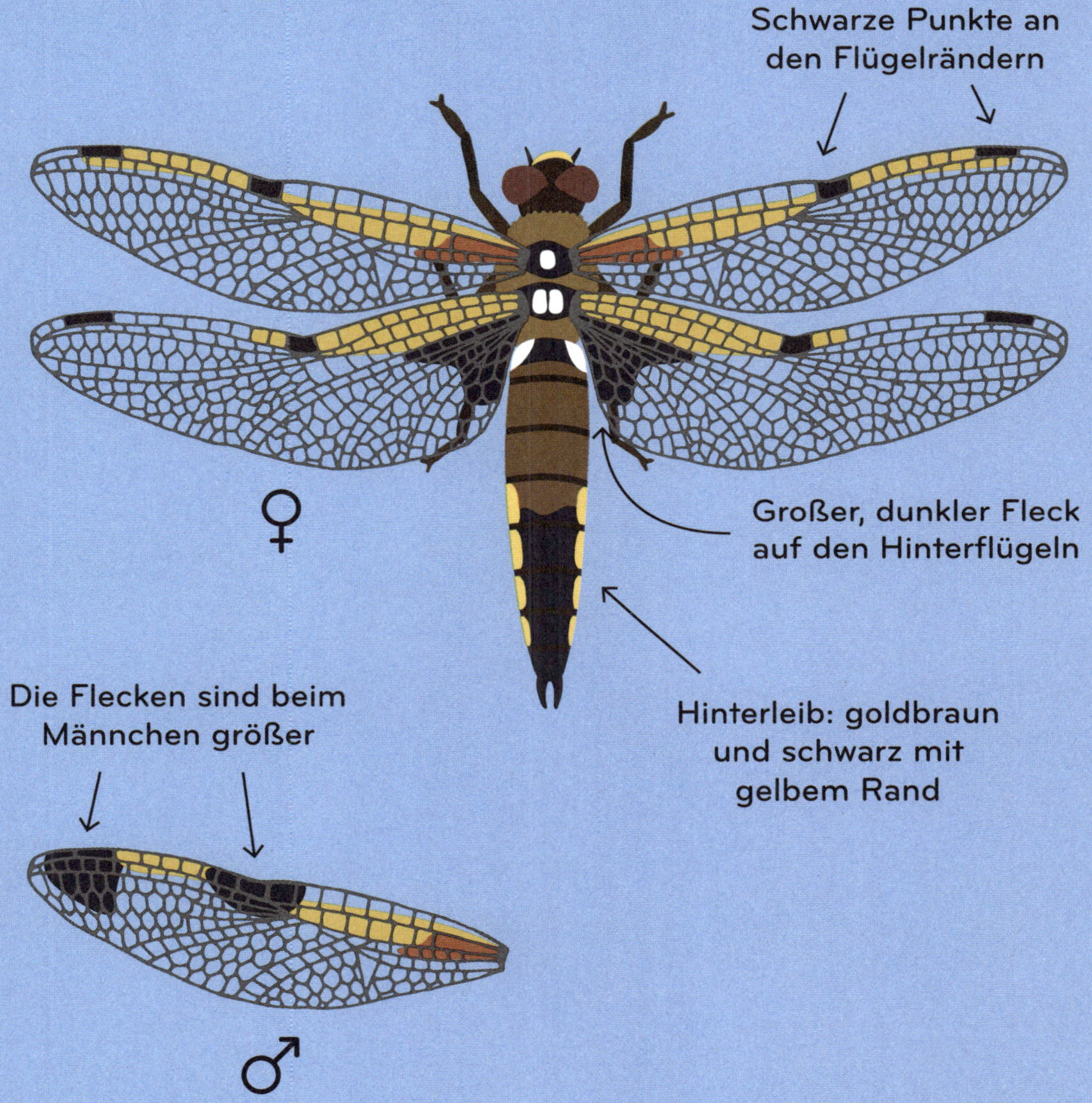

Schwarze Punkte an den Flügelrändern

Großer, dunkler Fleck auf den Hinterflügeln

Hinterleib: goldbraun und schwarz mit gelbem Rand

♀

Die Flecken sind beim Männchen größer

♂

Beobachtungsort und -zeitraum

Auf Ästen, Zweigen und in Schilfrohren, in Feuchtgebieten und am Ufer kleiner Bergseen. Von Frühling bis Sommer.

Beobachtungsschwierigkeit

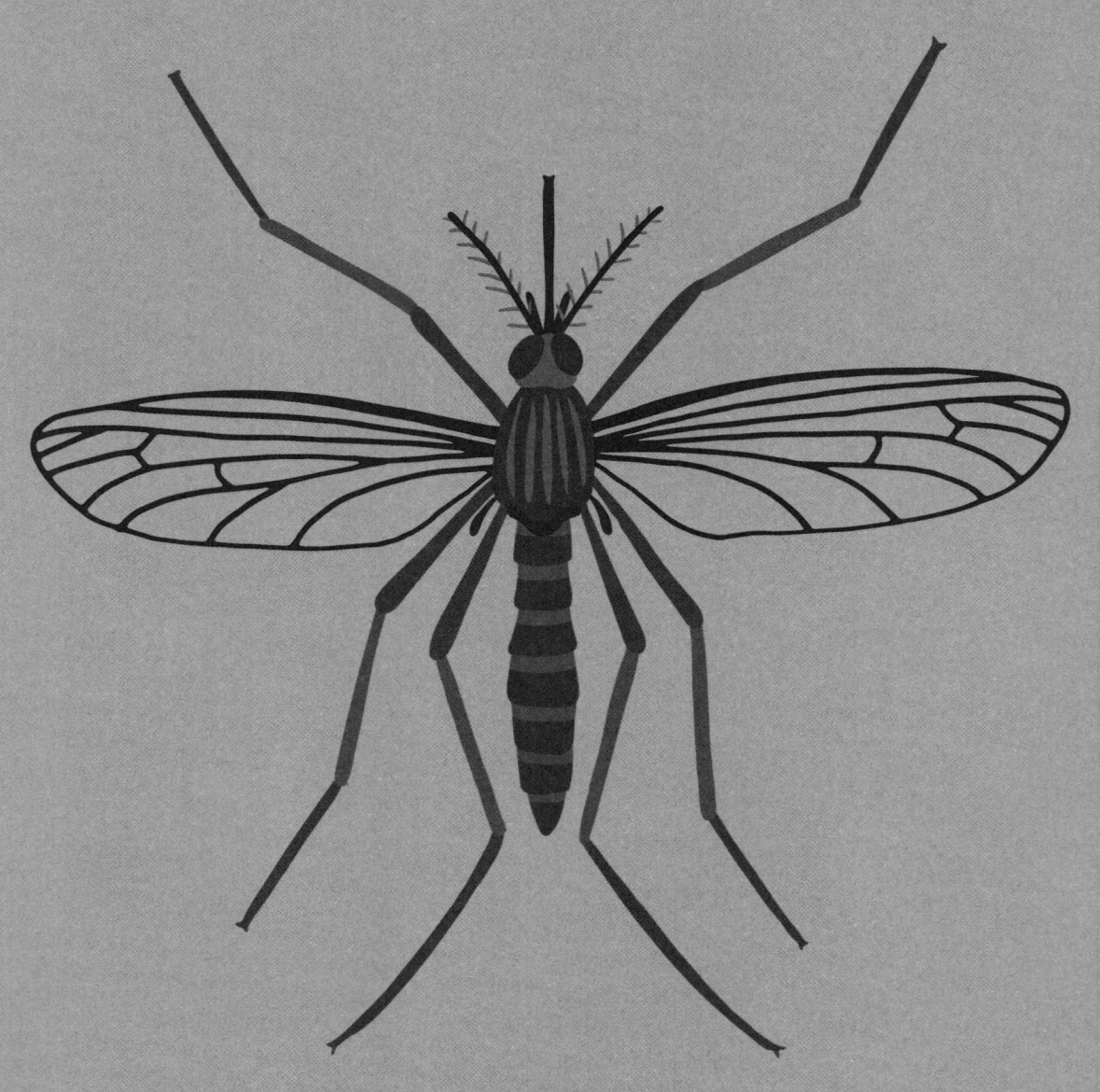

Gemeine Stechmücke

Klein und laut

Ordnung
Zweiflügler

Aktivität
Dämmerung

Lebensraum
Feuchtgebiete,
Wälder und Städte

Mücken stechen und lassen uns im Sommer nicht schlafen! Warum? Das Surren wird durch den schnellen Flügelschlag des Weibchens erzeugt, mit dem es das Männchen anlocken will. Und wenn das Weibchen uns sticht, dann nur, um mit unserem Blut seinen künftigen Nachwuchs zu versorgen.

Sein Speichel enthält einen betäubenden Stoff. Deswegen spürt man seinen Stich nicht. Unsere Haut schwillt an und uns juckt es, da unser Körper sich gegen das Gift wehrt, das die Mücke hinterlässt.

Die Männchen haben sehr buschige Fühler, mit denen sie die Duftstoffe der Weibchen aus einigen Metern Entfernung wahrnehmen können. Sie haben auch einen Saugrüssel. Diesen benutzen sie aber nur zum Sammeln von Nektar und Baumsäften. Mücken lieben Feuchtgebiete wie Teiche, Seen und Sümpfe, denn das Weibchen legt seine Eier auf der Oberfläche von stehenden Gewässern ab.

Länge
5–6 mm

Spannweite
5–7 mm

Lateinischer Name
Culex pipiens

• • • • • • • • • • • • • • • • • • •

Achtung!
Sticht, um an
Nahrung zu
kommen

Metamorphose

Eier
1–2 Tage

Larve
1 Woche

Puppe
1–2 Tage

Imago
2 Tage bis 2 Monate

Nahrung

Die Larve ist ein **Fleischfresser.**
Sie ernährt sich von Mikroorganismen.

Das ausgewachsene Weibchen ist
ein **Fleischfresser.** Es ernährt sich
von menschlichem Blut. Das
Männchen bevorzugt Nektar
oder Pflanzensaft.

Nicht zu verwechseln mit ...

Schnake:
Sie ist viel größer (~ 25 mm)
und hat sehr lange Beine.
Außerdem sticht sie nicht.

Geografie

Die Gemeine Stechmücke ist auf allen
Kontinenten verbreitet.

Migration

Die Gemeine Stechmücke ist sesshaft
und kein Wanderinsekt.

Bestimmungsleitfaden

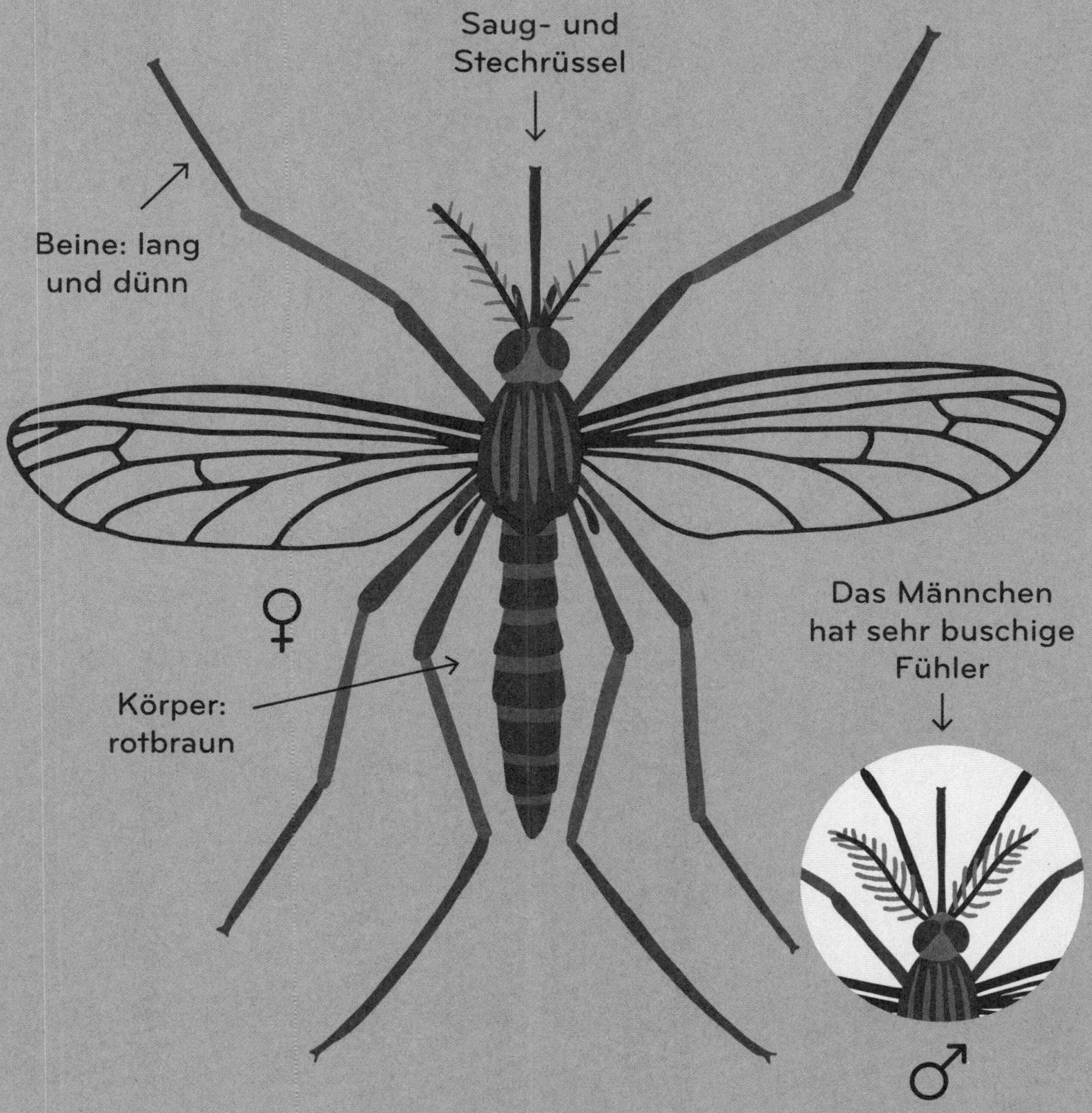

Saug- und
Stechrüssel
↓

Beine: lang
und dünn

♀

Körper:
rotbraun

Das Männchen
hat sehr buschige
Fühler
↓

♂

Beobachtungsort und -zeitraum

In Hausnähe, an Fenstern, am Ufer
stehender Gewässer. Von Frühling
bis Herbst. Im Sommer aber auch
in Wohnungen.

Beobachtungsschwierigkeit

●○○○○

Fliegenhaft

Ein eher kurzes Leben

Ordnung
Eintagsfliegen

Aktivität
Tag

Lebensraum
Feuchtgebiete

Der Fliegenhaft gehört zu den Eintagsfliegen. Als Imago lebt diese winzige Kreatur nur ein paar Stunden oder Tage. In diesem Stadium frisst sie nichts mehr, da ihre Mundwerkzeuge verkümmert sind. Sie widmet ihr kurzes Leben ganz der Fortpflanzung: Männchen und Weibchen fliegen in Schwärmen hin und her – der Hochzeitstanz!

Nach der Paarung in der Luft sterben die Männchen rasch. Die Weibchen legen auf Wasseroberflächen mehrere tausend Eier, bevor auch sie sterben. Die Larven leben zwei bis drei Wochen im Wasser.

Im Ruhezustand stellen sich die Flügel des Fliegenhafts auf und berühren sich. Am Ende des Hinterleibs kann man zwei Schwanzfäden erkennen, mit denen das Insekt sich im Flug stabilisieren kann.

Eintagsfliegen sind die Nahrung von zahlreichen Tieren, zum Beispiel von Vögeln, Fledermäusen und Fischen.

Länge
~ 20 mm
(mit Zangen)

Spannweite
~ 20 mm

Lateinischer Name
Cloeon dipterum

Metamorphose

Eier
2–7 Tage

Larve
2–3 Wochen

Imago
2–3 Tage

Nahrung

Die Larve ist ein **Fäulnisfresser.**
Sie ernährt sich von kleinen
verwesenden Algen.
Die Imago frisst nichts.

Nicht zu verwechseln mit ...

Sepia Dun:
Der Hinterleib des Männchens
ist gelb geringelt.

Geografie

Der Fiegenhaft ist in Europa, Asien,
Nord- und Südamerika verbreitet.

Migration

Der Fiegenhaft ist sesshaft
und kein Wanderinsekt.

Bestimmungsleitfaden

Flügel: aufgerichtet
in Ruhestellung

Schwanzfäden: lang

Körper: dunkel
und gekrümmt

♂

Körper: gelblich
und gekrümmt

♀

Beobachtungsort und -zeitraum

In Feuchtgebieten, an Fensterscheiben.
Überwiegend im Sommer.

Beobachtungsschwierigkeit

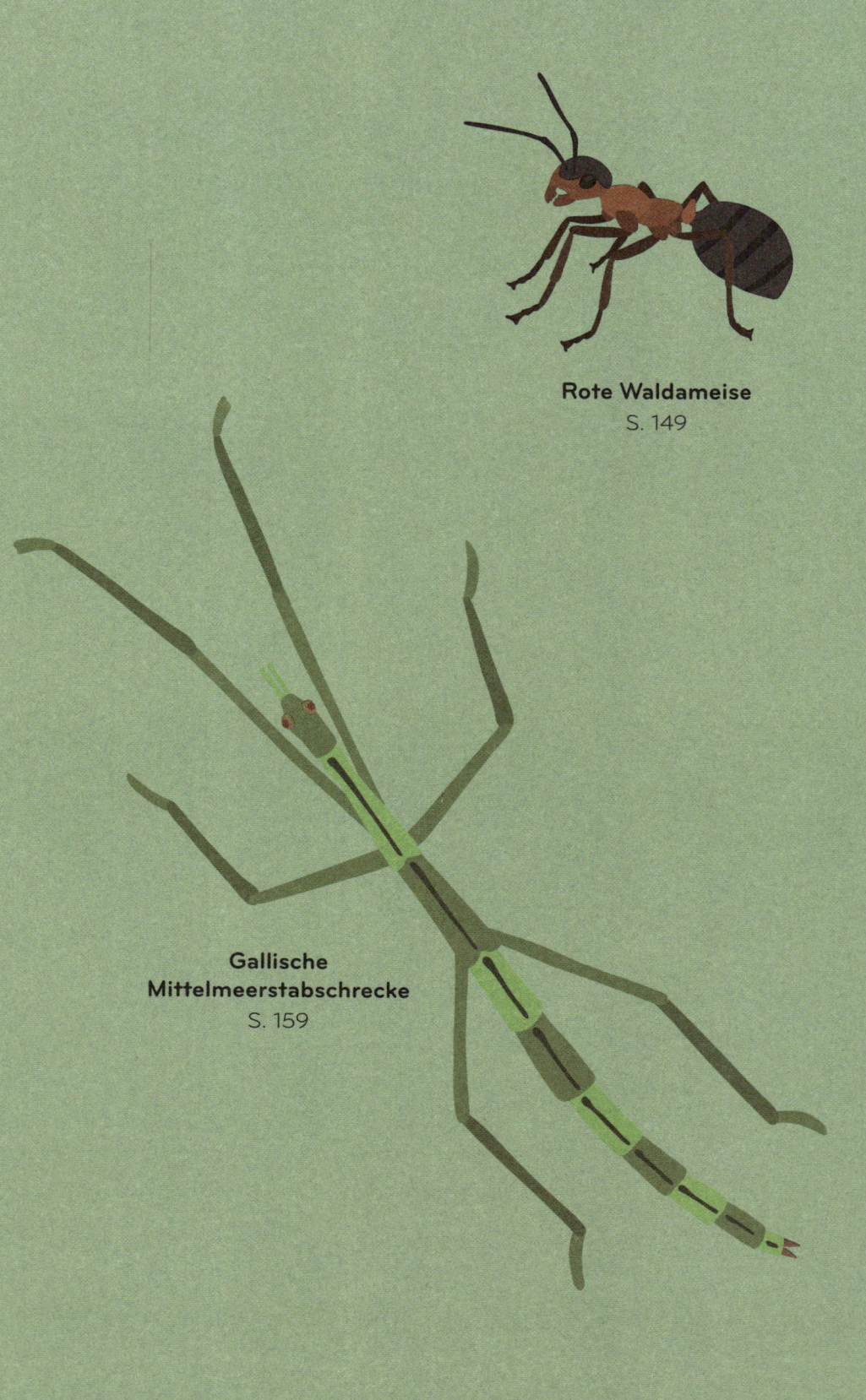

Rote Waldameise
S. 149

**Gallische
Mittelmeerstabschrecke**
S. 159

Hirschkäfer
S. 155

Wälder

Schwammspinner
S. 145

Gelbhalsholztermite
S. 165

Schwammspinner

Der Bäumeknabberer

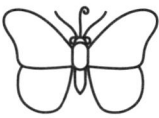

Ordnung
Schmetterlinge

Aktivität
Nacht

Lebensraum
Wälder

Bei hohen Sommertemperaturen wimmelt im Wald nur so vor Schwammspinnern. Deren gefräßige Raupen haben einen schlechten Ruf: Kastanienbäume, Birken und Eichen werden regelmäßig Opfer ihres großen Appetits. In einer Saison können sie mehrere Hektar Wald zerstören! Aber der Kot der Raupen, der auf das Laub fällt, ist auch wertvoller Dünger für den Waldboden.

Schwammspinner können sich außergewöhnlich gut tarnen. Die Farbe ihrer Flügel macht sie auf Baumrinde fast unsichtbar. So entkommen sie ihren Fressfeinden wie Rotkehlchen und Meisen.

Das Weibchen ist cremeweiß, das Männchen eher rotbraun. Es hat auf seinem Kopf zwei schöne, buschige Fühler. Damit kann es die Duftstoffe wahrnehmen, die das Weibchen verströmt.

Länge
15–30 mm

Spannweite
30–70 mm

Lateinischer Name
Lymantria dispar

....

Achtung!
Die Raupe kann Juckreiz verursachen.

145

Metamorphose

Ei
3–4 Monate

Raupe
2–3 Monate

Puppe
2 Wochen

Imago
4–9 Tage

Nahrung

Nicht zu verwechseln mit ...

Die Larve ist ein **Pflanzenfresser.**
Sie ernährt sich von Blättern und Nadeln
der Bäume. Die Imago frisst nichts.

Nonne:
Ihre Flügel haben ein
deutlicheres Muster.

Geografie

Der Schwammspinner ist in Europa,
Nordafrika, Zentralasien und auch
Nordamerika verbreitet, wo er als
Eindringling gilt.

Migration

Der Schwammspinner ist sesshaft
und kein Wanderinsekt.

Bestimmungsleitfaden

Fühler mit langen
Kammzähnen →

♂

Körper: rotbraun ↑

♀

Körper: cremeweiß
mit beigefarbenen
und schwarzen
Streifen ↑

Beobachtungsort und -zeitraum
An Baumstämmen. In Sommernächten.

Beobachtungsschwierigkeit

Rote Waldameise

Die Baumeisterin

Ordnung
Hautflügler

Aktivität
Tag

Lebensraum
Wälder

Rote Waldameisen leben im Wald, wo sie mit Reisig, Nadeln und Laub unermüdlich riesige Ameisenhaufen bauen. Problemlos können sie das 10- bis 20-Fache ihres Gewichts hochheben! Manchmal ziehen sie auch Blattlauskolonien groß und ernähren sich von deren Honigtau – eine süßliche Flüssigkeit, die die Blattläuse ausscheiden. Ameisen sind zwar klein, aber können sich sehr gut verteidigen: Aus einer Drüse am Hinterleib versprühen sie Ameisensäure, die bei ihren Fressfeinden einen gefürchteten Juckreiz verursacht. Er ist für Menschen nicht gefährlich. Rote Waldameisen sollten aber nicht mit der Roten Ameise verwechselt werden, die einen spitzen Stachel besitzt.

Weltweit gibt es 12 000 verschiedene Ameisenarten. Diese sozialen und widerstandsfähigen Insekten besiedeln seit der Jurazeit – das heißt seit 100 Millionen Jahren – alle Kontinente.

Länge
Arbeiterin:
4–9 mm

Königin und
Männchen:
9–12 mm

Lateinischer Name
Formica rufa

Achtung!
Kann beißen
(schmerzlos)
und versprüht
Ameisensäure

Metamorphose

Ei
2 Wochen

Larve
2 Wochen

Puppe
2 Wochen

Imago
Arbeiterin: 5–6 Jahre
Männchen: 3–4 Tage
Königin: 10–20 Jahre

Nahrung

Nicht zu verwechseln mit ...

Larve und Imago sind **Allesfresser.**
Sie fressen alles, was sie finden können,
aber hauptsächlich den Honigtau von
Blattläusen und die Kadaver von Insekten.

Rote Ameise:
Sie ist komplett rot, kleiner
(~ 5 mm) und hat einen Stachel.

Schwarze Wegameise:
Sie ist komplett schwarz
und kleiner (~ 5 mm).

Geografie

Die Rote Waldameise ist in Europa,
Westasien und Nordamerika verbreitet.

Migration

Die Rote Waldameise ist sesshaft
und kein Wanderinsekt.

Bestimmungsleitfaden

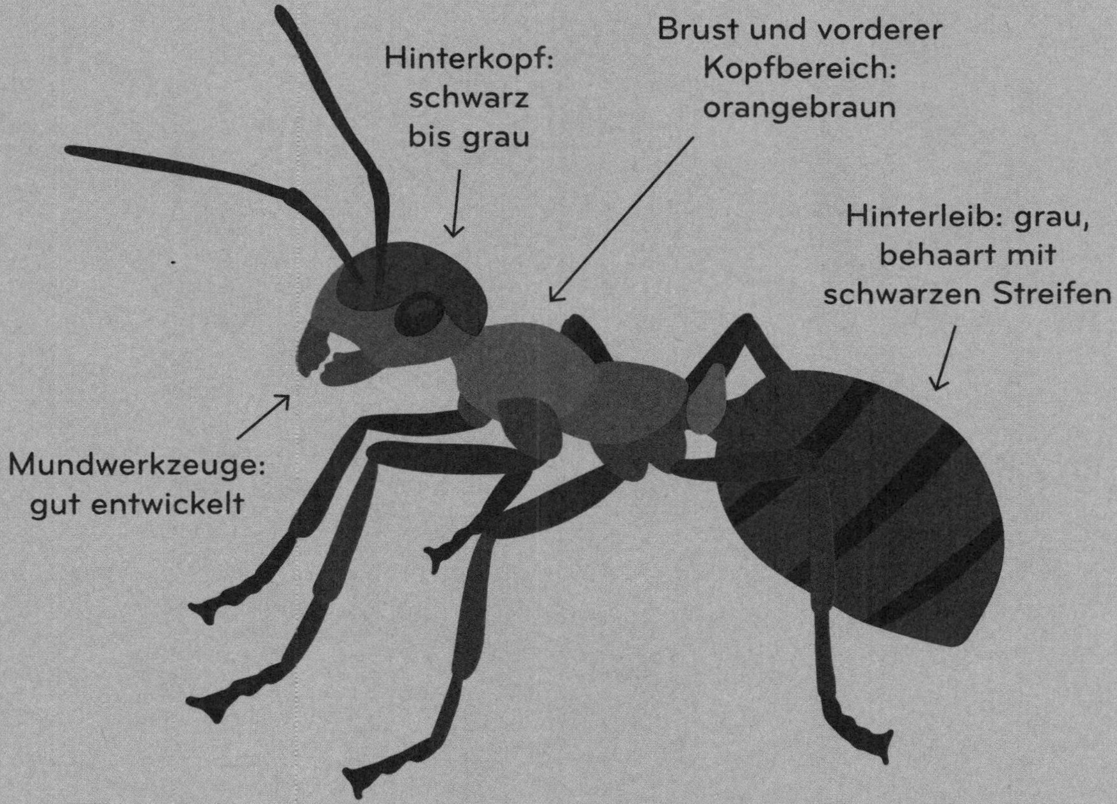

Hinterkopf:
schwarz
bis grau

Brust und vorderer
Kopfbereich:
orangebraun

Hinterleib: grau,
behaart mit
schwarzen Streifen

Mundwerkzeuge:
gut entwickelt

Geschlechtsreife Ameisen tragen während
der Fortpflanzungsphase Flügel.

Beobachtungsort und -zeitraum

Im Wald in großen Ameisenhaufen am
Fuße von Bäumen. Überwiegend von
Frühling bis Sommer.

Beobachtungsschwierigkeit

Im Ameisenhaufen

Ameisen bauen ihr Nest auf alten Baumstümpfen, indem sie Reisig und Baumnadeln darauf legen. Dann graben sie Gänge und Kammern, von denen jede einen bestimmten Zweck erfüllt.

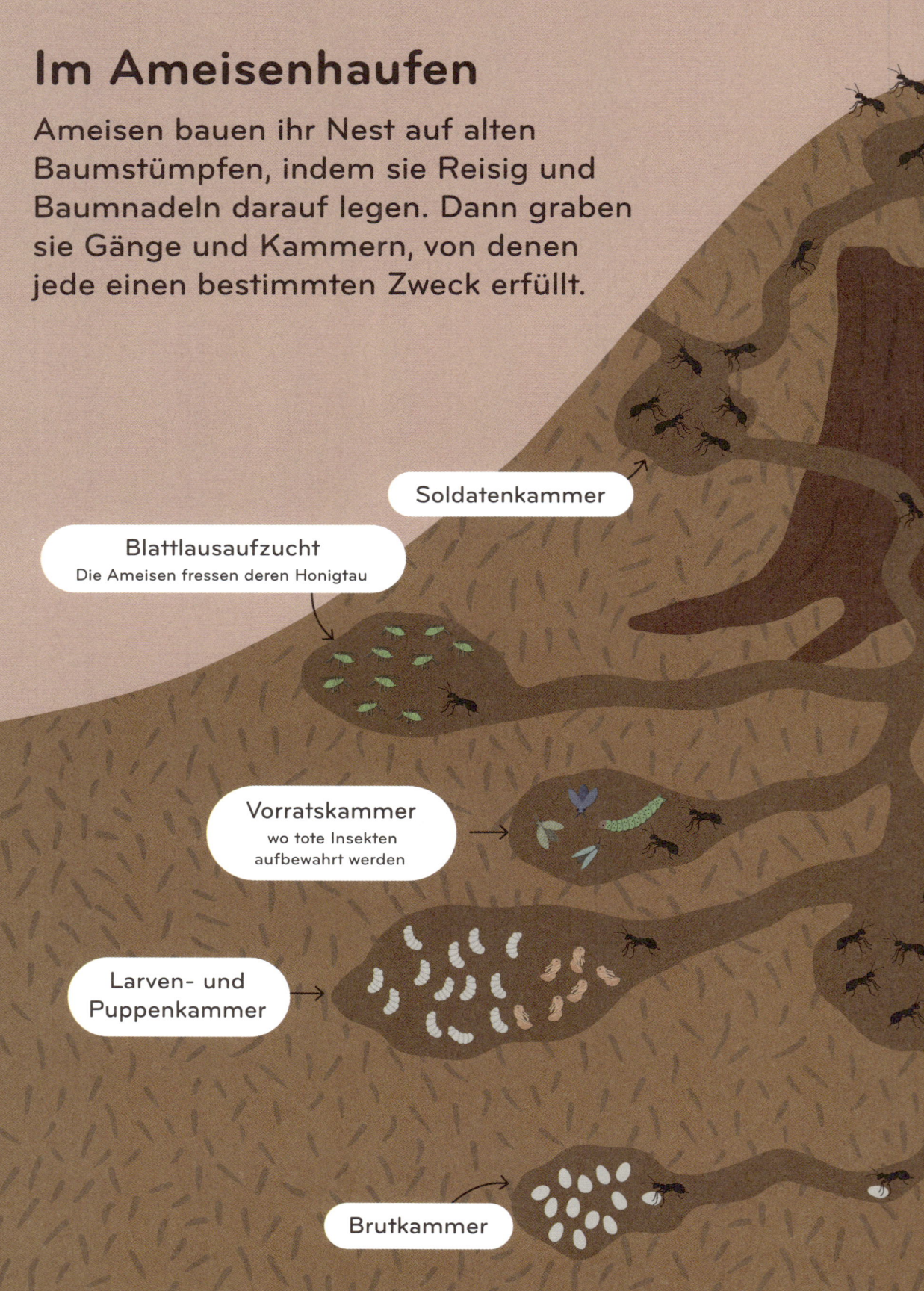

Soldatenkammer

Blattlausaufzucht
Die Ameisen fressen deren Honigtau

Vorratskammer
wo tote Insekten
aufbewahrt werden

Larven- und
Puppenkammer

Brutkammer

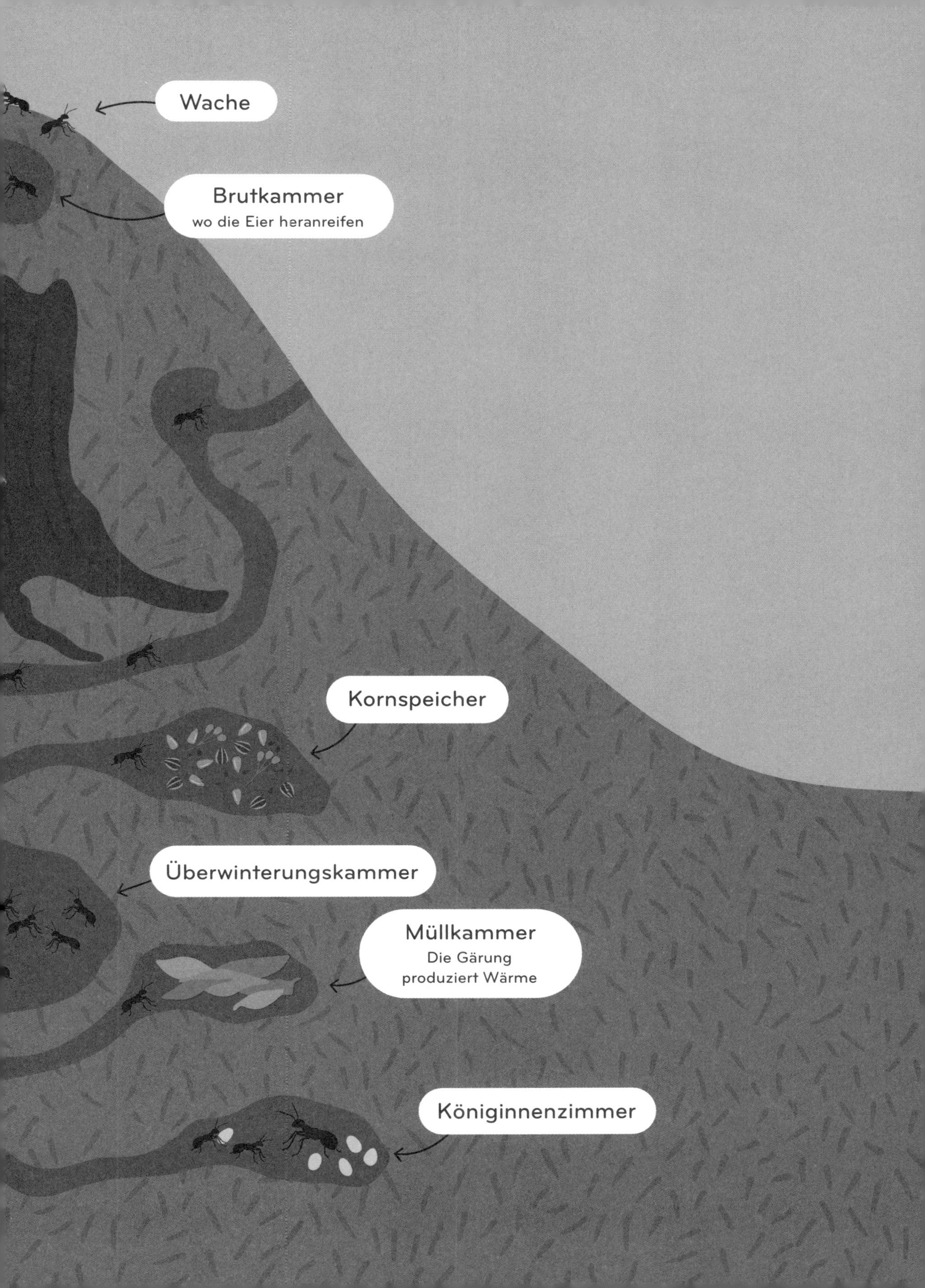

Wache

Brutkammer
wo die Eier heranreifen

Kornspeicher

Überwinterungskammer

Müllkammer
Die Gärung
produziert Wärme

Königinnenzimmer

Hirschkäfer

Der Gladiator

Ordnung
Käfer

Aktivität
Dämmerung

Lebensraum
Wälder

Im Frühsommer liefern sich die männlichen Hirschkäfer ein Kampfspektakel, um ein Weibchen zu erobern. Mit ihren großen Mundwerkzeugen, die wie ein Hirschgeweih aussehen, kämpfen sie gegeneinander, richten sich auf und versuchen den jeweils anderen umzustoßen. Das Weibchen entscheidet sich anschließend für ein Männchen, und sie pflanzen sich schnell fort, da sie nur ein oder zwei Monate leben.

Mit einer Länge von 80 mm ist der Hirschkäfer der größte Käfer in Europa! Sein schwerfälliger Flug klingt fast wie ein Hubschrauber. An Sommerabenden entdeckt man ihn auf Teerstraßen.

Im Wald trägt er zur Verwertung von alten Baumstümpfen bei, da die Larve sich von Totholz ernährt. Die Imago bevorzugt dagegen den Saft von Bäumen. Man findet den Käfer oft auf Eichen, Eschen, Kastanien- und Kirschbäumen.

Länge
Weibchen:
30 mm

Männchen:
80 mm

Lateinischer Name
Lucanus cervus

Achtung!
Kann beißen

Metamorphose

Eier
2–4 Wochen

Larve
5–7 Jahre

Puppe
3–5 Monate

Imago
1–2 Monate

Nahrung

Nicht zu verwechseln mit ...

Die Larve ist ein **Holzfresser.**
Sie ernährt sich von Totholz. Die Imago ist
ein **Pflanzenfresser.** Sie bevorzugt
den Saft von Bäumen.

Die Weibchen können mit dem
Balkenschröter – ein anderer Käfer und
komplett schwarz – verwechselt werden.
Die Männchen sind dagegen aber
unverwechselbar.

Geografie
Der Hirschkäfer ist in Europa verbreitet.

Migration
Der Hirschkäfer ist sesshaft
und kein Wanderinsekt.

Bestimmungsleitfaden

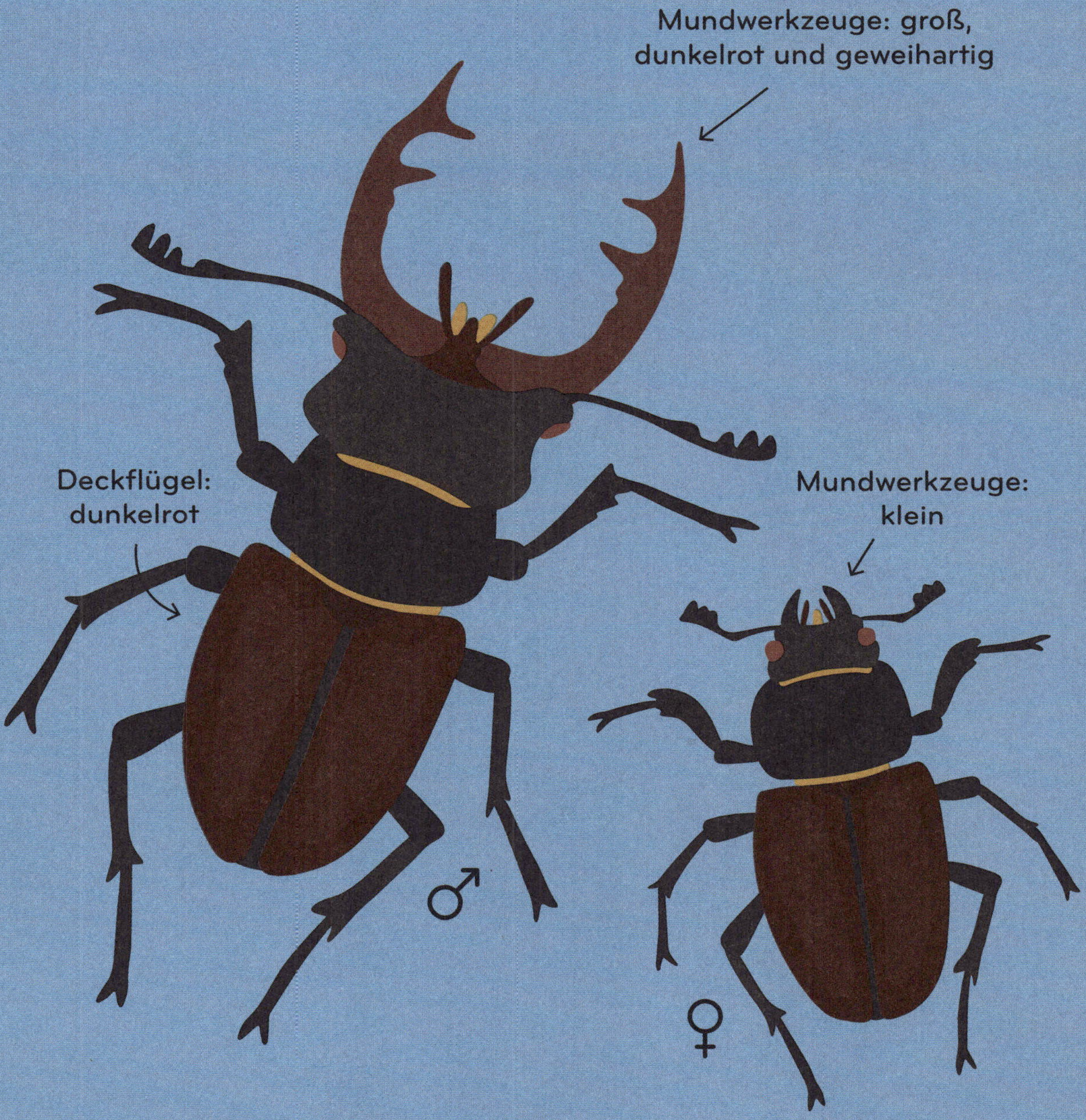

Mundwerkzeuge: groß,
dunkelrot und geweihartig

Deckflügel:
dunkelrot

Mundwerkzeuge:
klein

Beobachtungsort und -zeitraum

In der Abenddämmerung, auf Baum-
stümpfen, an Straßenrändern und unter
Straßenlaternen. Tagsüber an alten
Stämmen, aus denen der Baumsaft fließt.
Überwiegend im Sommer.

Beobachtungsschwierigkeit

● ● ● ● ○

Gallische Mittelmeerstabschrecke

Gespenstisch

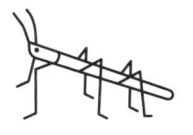

Ordnung
Gespenstschrecken

Aktivität
Nacht

Lebensraum
Wälder

Hinter der wissenschaftlichen Bezeichnung für Gespenstschrecken steckt das griechische Wort *phasma*, das »Gespenst« bedeutet. Die Gallische Mittelmeerstabschrecke mit ihrem sonderbaren Aussehen eines Zweigleins kann sich perfekt im Laub verstecken! Da sie vor allem nachtaktiv ist, sieht man sie nur selten. Oft sitzt sie nur regungslos da. Aber wenn sie sich doch einmal bewegt, wiegt sie sich hin und her und ahmt so die Bewegung von Zweigen im Wind nach.

Unbewusst tragen Vögel zur Verbreitung von Stabschrecken bei. Sie picken die Eier zwar auf, aber verdauen sie nicht: Die Eier überleben im Verdauungstrakt und werden unbeschadet an einem anderen Ort wieder ausgeschieden.

Männliche Stabschrecken sind selten und fehlen bei bestimmten Arten komplett, da die Weibchen sich mithilfe der Jungfernzeugung wie Blattläuse oder Schaben ganz allein fortpflanzen können.

Länge
~ 70 mm

Lateinischer Name
Clonopsis gallica

Metamorphose

Ei
2–7 Tage

Larve
2–3 Wochen

Imago
2–3 Jahre

Nahrung

Larve und Imago sind **Pflanzenfresser.**
Sie ernähren sich von den Blättern der
Brombeer- und Rosensträucher.

Nicht zu verwechseln mit ...

Mittelmeerstabschrecke:
Ihre Fühler sind etwas länger, aber
das lässt sich wirklich nur schwer erkennen.

Geografie

Die Gallische Mittelmeerstabschrecke ist in
Europa und Nordafrika verbreitet.

Migration

Die Gallische Mittelmeerstabschrecke ist
sesshaft und kein Wanderinsekt.

Bestimmungsleitfaden

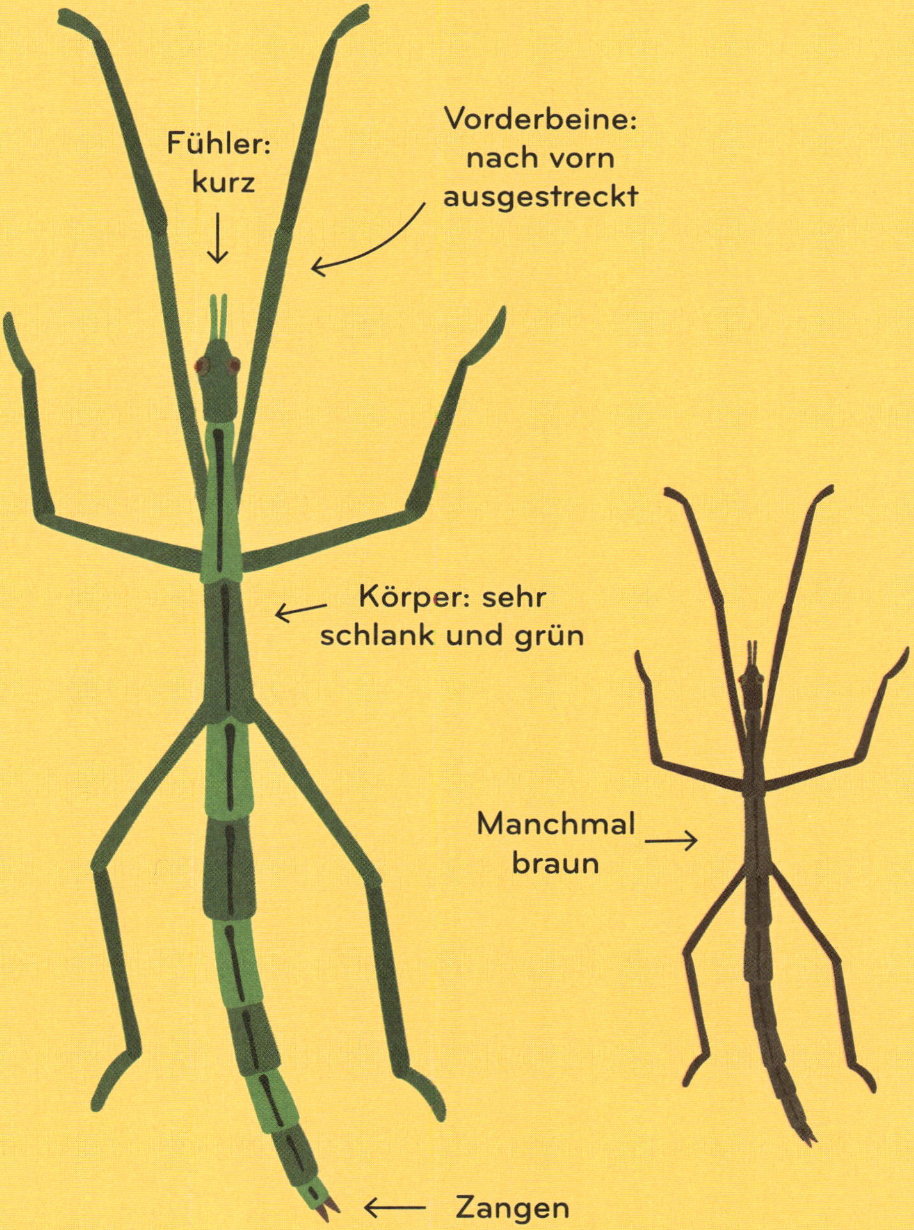

Fühler: kurz

Vorderbeine: nach vorn ausgestreckt

Körper: sehr schlank und grün

Manchmal braun

Zangen

Beobachtungsort und -zeitraum

In Sträuchern, auf Ästen und Zweigen. Von Frühling bis Herbst.

Beobachtungsschwierigkeit

Die Kunst der Tarnung

Gespenst- und Stabschrecken können sonderbare Formen annehmen. Manche sehen aus wie Zweige, andere wie Blätter oder Baumrinden. Sie können sogar ihre Körperfarbe ihrer Umgebung anpassen. Diese Arten kommen vor allem in Australien, Westasien und Indonesien vor.

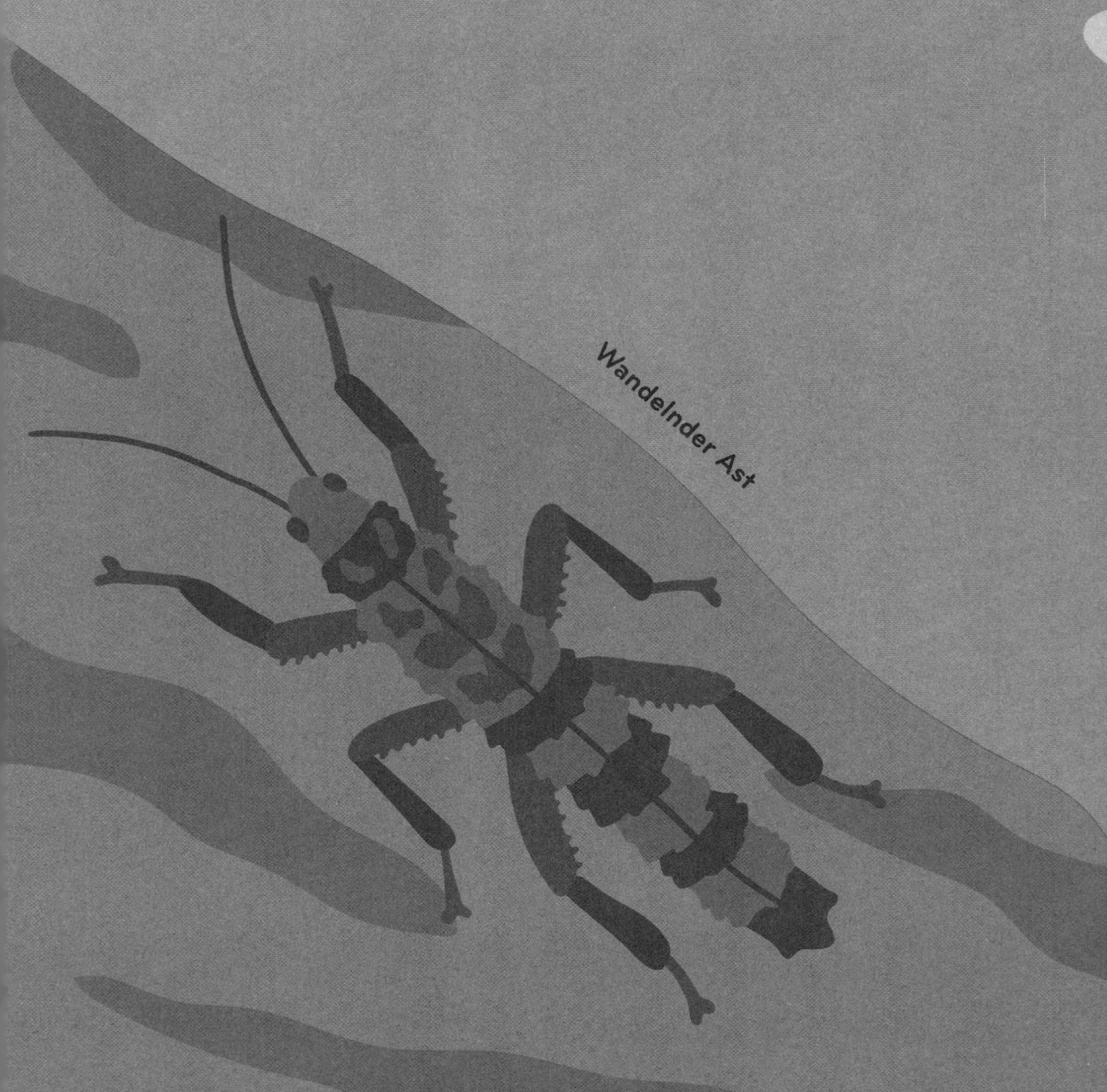

Wandelnder Ast

Wandelndes Blatt

Gelbhalsholztermite

Die Teamplayerin

Ordnung
Schaben

Aktivität
Nacht

Lebensraum
Wälder

Weltweit gibt es zahlreiche Termitenarten, von denen ein Großteil in den tropischen Regionen lebt. Sie bauen Termitenhügel aus Erde und zerkautem Pflanzenmaterial, die mehrere Meter hoch werden können.

Gelbhalsholztermiten leben überwiegend in Wäldern im Mittelmeerraum und Nordafrika. Diese geselligen Insekten bilden gut organisierte Kolonien: Die geschlechtslosen Arbeiterinnen beschaffen Nahrung und statten das Nest aus. Die Soldaten beschützen die Kolonie. Und die Geschlechtstiere verlassen die Kolonie im Herbst, um ein neues Volk zu bilden. Ganz oben in der Hierarchie steht ein Königspaar, das aus einem König und einer Königin besteht und für die Fortpflanzung zuständig ist. Wenn einer von beiden stirbt, verwandelt sich eine Arbeiterin in ein Geschlechtstier, um ihn oder sie zu ersetzen.

Länge
Arbeiterin:
4–6 mm

Soldat:
5–8 mm

Geschlechtstier
und Königspaar:
8–10 mm

Lateinischer Name
*Kalotermes
flavicollis*

Metamorphose

Ei
2–7 Tage

Larve
2–3 Monate

Imago
2–3 Jahre

Nahrung

Larve und Imago sind **Holzfresser.**
Sie ernähren sich von Totholz.

Nicht zu verwechseln mit ...

Gelbfüßige Bodentermite:
Sie hat einen schwarzen Thorax.

Geografie

Die Gelbhalsholztermite ist überwiegend,
im Mittelmeerraum und in Nordafrika
verbreitet.

Migration

Die Gelbhalsholztermite ist sesshaft
und kein Wanderinsekt.

Bestimmungsleitfaden

Körper: braun
mit gelben Streifen

Königspaar

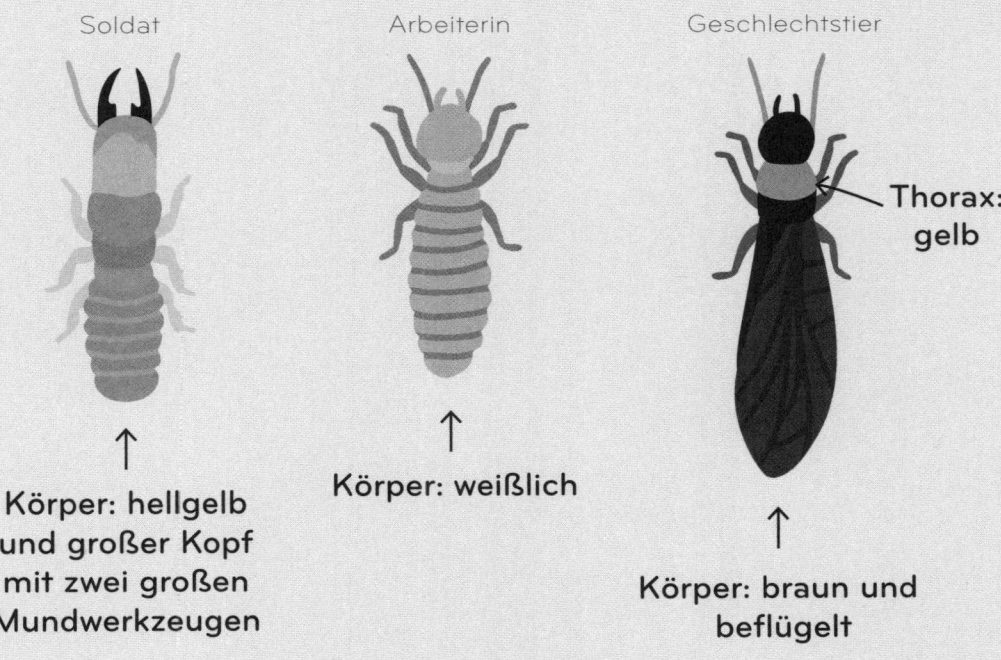

Soldat

Arbeiterin

Geschlechtstier

Thorax:
gelb

Körper: hellgelb
und großer Kopf
mit zwei großen
Mundwerkzeugen

Körper: weißlich

Körper: braun und
beflügelt

Beobachtungsort und -zeitraum

In Wäldern, auf Baumstümpfen und in
Totholz. Überwiegend im Sommer.

Beobachtungsschwierigkeit

Weitere erstaunliche Insekten ...

Der Herkules unter den Käfern

Mit seinen 17 cm ist der Herkuleskäfer einer der größten Käfer der Welt!

In Mittel- und Südamerika verbreitet

Der Schwimmer

Der Gemeine Wasserläufer bewegt sich auf
der Wasseroberfläche fort, indem er seine Beine
anwinkelt und wieder spreizt. Diese wiederum
sind mit wasserabstoßenden Härchen bestückt.

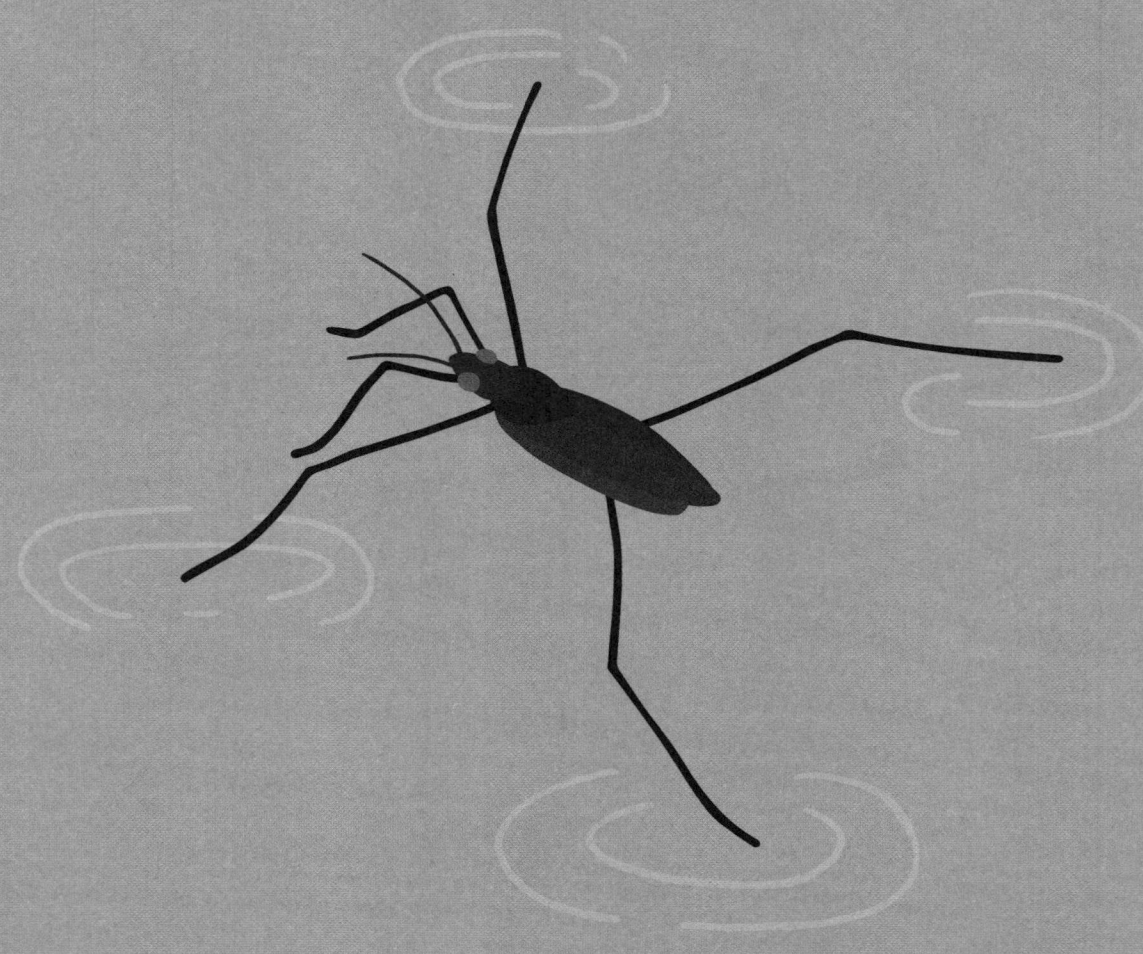

In Europa
und Japan verbreitet

17 Jahre unter Tage

Zikaden sind für ihren Gesang bekannt, aber weniger für ihre rekordverdächtige Lebensdauer! Die Larve der Periodischen Zikade schlüpft erst nach 17 Jahren aus dem Boden!

In Nordamerika verbreitet

Einschüchternd

Der Eulenfalter ist ein
großer Schmetterling
mit einer Spannweite
von 12 cm. Auf seinen
Flügeln ist jeweils ein
großer schwarz-gelber
Kreis zu sehen,
der aussieht wie
ein Eulenauge und
seine Fressfeinde
abschrecken soll.

Königin der Teiche

Mit einer Länge von 8,5 cm und einer Spannweite von 10 cm zählt die Große Königslibelle zu den größten Fluginsekten. Diese Libelle zieht ihre Kreise über Teiche, wo sie ihr Revier verteidigt. Ihr wissenschaftlicher Name *Anax* bedeutet »König« auf Altgriechisch.

In Europa verbreitet

Schmetterling oder Libelle?

Keins von beiden! Der Libellen-Schmetterlingshaft
ist ein Netzflügler mit langen Fühlern und Flügeln,
die aussehen wie die von Libellen und angeordnet
sind wie die von Schmetterlingen.

Ein leuchtendes Hinterteil

Der Große Leuchtkäfer, besser bekannt unter dem Namen »Glühwürmchen«, ist ein Käfer, der mithilfe eines Leuchtorgans an der Spitze seines Hinterleibs Licht erzeugen kann. Dieses Phänomen nennt man »Biolumineszenz« – ein Prozess, bei dem chemische Energie in Lichtenergie umgewandelt wird.

In Europa, Asien, Nord- und Südamerika sowie Nordafrika verbreitet

Fliege mit Skorpionschwanz

Die Gemeine Skorpionsfliege ist eine Schnabelfliege
mit einem beeindruckenden Aussehen – trotz
ihrer Länge von 2 cm. Ihre Mundwerkzeuge sind
schnabelartig verlängert. Und das Männchen
besitzt außerdem am Ende des Hinterleibs ein
zangenartiges Geschlechtsorgan, das aussieht
wie der Schwanz eines Skorpions.

Im Kolibrigewand

Das Taubenschwänzchen ist ein Schmetterling,
der sich als winziger Kolibri ausgeben kann!
Mit seinem langen Saugrüssel kann er den Nektar
und Pollen auch aus tiefkelchigen Blüten sammeln.

In Europa, Asien
und Afrika verbreitet

2

Los geht's!

Doch wo sind Insekten zu finden? Was machen
sie im Winter? Was muss man alles wissen,
damit man sie besser entdeckt? Öffne deine
Augen und übe dich in Geduld ...
Von Insekten kannst du sehr viel lernen.

Beobachtungstipps

① Die Einfachsten zuerst

Ameisen, Bienen, Hummeln, Schmetterlinge und Marienkäfer
sind die beliebtesten Insekten – und das aus gutem Grund:
Man entdeckt sie leicht! Das Abenteuer beginnt in deinem Garten
oder in einem Park in deiner Nähe. Im Frühjahr und Sommer kann
man Insekten am häufigsten beobachten.

② Geduld und Durchhaltevermögen

Insektenbeobachtung erfordert Geduld und Durchhaltevermögen,
denn ihre Welt ist viel kleiner als unsere. Du musst Büsche, Sträucher
und Bäume aufsuchen, Steine umdrehen, dich bücken und auf dem
Boden umsehen. Wenn du heute keine große Entdeckung gemacht
hast, dann lass dich nicht entmutigen. Vielleicht machst du schon
morgen großartige Beobachtungen!

③ Gedächtnistraining

Je mehr du über Insekten weißt, desto einfacher kannst du sie
entdecken und bestimmen! Präg dir ihre Gestalt und Farben ein,
schau dir Bilder von Insekten in Büchern und im Internet an,
aber auch Videos und Dokumentarfilme.

Streifenwanze

Insektenbestimmung

Schlupfwespe

① Untersuche sein Aussehen

- Welche Farben hat es?
  Hat es Flecken oder Streifen?

- Hat es lange oder kurze Fühler?

- Kannst du aufgrund seines Aussehens sagen,
  zu welcher Ordnung es gehört?

② Identifiziere seinen Lebensraum

- Hast du es am Seeufer, in einem Park oder im Wald gesehen?

- Befand es sich auf einem Baum oder im hohen Gras?

- Hast du es zu Hause entdeckt?

③ Beobachte sein Verhalten

- Hält es sich allein oder in der Gruppe auf?

- Fliegt, springt oder läuft es?

- Frisst es gerade? Oder säubert es sich?

Durchblättere deinen Leitfaden, um zu sehen, ob das Insekt darin
beschrieben wird. Oder such im Internet anhand von Stichwörtern
nach ihm, zum Beispiel: *Insekt · rot · Streifen · Land, in dem du lebst.*

Kleiner
Kohlweißling

Rüste dich aus!

Dein *Insektorama*-Leitfaden

Notizblock und Stift
zum Notieren deiner Beobachtungen

Kappe und Sonnenbrille

Festes Schuhwerk

Anti-Mücken-/Zecken-Spray

Essen und Trinken

Nähere Beobachtungen

Insekten leben in einer kleinen Welt. Mit folgenden Hilfsmitteln kannst du sie besser sehen.

Fotoapparat oder Fernglas

Lupe

Taschenlampe
für nächtliche Beobachtungen

Das Einfangen

Es gibt zahlreiche Gegenstände, mit denen du Insekten besser fangen und betrachten kannst. Am besten ist es, sie ungestört zu beobachten, damit sie nicht unnötig unter Stress stehen oder unbewusst verletzt werden. An vielen Orten braucht man außerdem eine Genehmigung, damit man sie einfangen darf.

Fangpinzette

Becherlupe

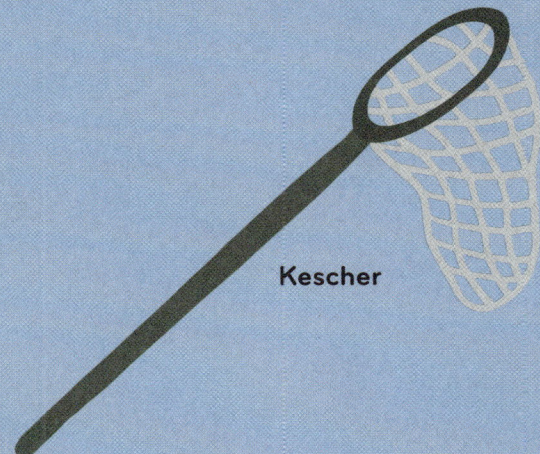

Kescher

Klopfschirm – ein mit Stäben gespanntes weißes Tuch

Das Insektenjahr

Frühling

Der Schnee ist geschmolzen und die ersten Blumen sprießen aus dem Boden. Bienen, Fliegen und Schwebfliegen drehen bereits ab März ihre Runden und beginnen mit der Bestäubung. Die Eier, Larven und Puppen, die überwintern, können sich nun weiterentwickeln.

Sommer

Das ist zweifellos die günstigste Jahreszeit, um Insekten zu beobachten! Schmetterlinge fliegen von Blüte zu Blüte, Käfer halten sich in Büschen und Sträuchern auf und Raupen verschlingen saftige grüne Blätter. Heuschrecken, Grashüpfer und Grillen zirpen bei Sonnenuntergang.

Herbst

Die Blumen sind verblüht und die Bienen verschwinden nach und nach. Von den verbleibenden reifen Früchten, die auf dem Boden liegen und im Gras verfaulen, saugen die Insekten den Saft heraus. Die Abende werden kühler und die Insekten bereiten sich auf den Winter vor.

Winter

Sie verstecken sich

Marienkäfer, Wanzen und Florfliegen suchen in Häusern Zuflucht. Feuerwanzen und Ohrwürmer schlüpfen dagegen unter Baumrinden. Sie überwintern als **Imago**, und ihr Stoffwechsel ist verlangsamt. Diesen Zustand nennt man »Diapause«.

Sie haben eine andere Form

Bei Fangschrecken, Heuschrecken und Grashüpfern legen die Weibchen im Herbst, bevor sie sterben, ihre Eier. Nur die **Eier** überleben den Winter, und die Larven schlüpfen im Frühjahr. Viele Käferarten überwintern als **Larven,** die in der Erde vergraben sind. Schmetterlinge überwintern häufig als **Puppen.**

Sie wandern

Viele Insekten fliegen in wärmere Gebiete, um dort zu überwintern. Schmetterlinge und Libellen sind die größten Wanderinsekten.

Sie sterben

Bei manchen Bienen-, Wespen- und Hummelarten stirbt fast das gesamte Volk – mit Ausnahme der Königin, die dank eines Samenvorrats eine neue Kolonie gründet, sobald es wieder wärmer wird.

Städte und Gärten

In Bäumen

An Fenstern

In Hecken

Auf Blumen

Im Gemüsegarten

In der Erde

In Büschen

Wiesen und Felder

Auf Blumenwiesen

Auf Kieswegen

Auf angebauten Feldern

Feuchtgebiete

In Schilfrohren

Auf Sandflächen

Auf oder im Wasser

Auf Wasserpflanzen

Wälder

Auf Blättern

Auf und zwischen gelagertem Holz

Auf und unter Rinde

Unter Laub

In und auf alten Baumstümpfen

Unter Steinen

Wer war denn das?

Eine durchlöcherte Eichel?

Der Eichelbohrer hat vielleicht seine Eier darin abgelegt.

Ein angeschnittenes Blatt?

Das war vielleicht die Blattschneiderbiene – eine Wildbiene, die Blattstücke für ihr Nest abschneidet und es damit ausschmückt.

Ein angeknabbertes Blatt?

Da hat sich bestimmt eine Raupe satt gegessen!

Muster im Baumstamm?

Das ist vielleicht das Werk der Larve des Ulmensplintkäfers!

Seltsame Kügelchen?

Das geht vielleicht auf die Gemeine Eichengallwespe zurück – ein kleiner Hautflügler, der seine Eier auf der Blattunterseite ablegt und so kugelartige Wucherungen, »Gallen«, verursacht.

Ein alter, angenagter Baumstumpf?

Das ist bestimmt die Spur eines Totholzfressers, zum Beispiel des Großen Eichenbocks.

Ein Erdhügel?

Manche Ameisenarten graben Gänge in die Erde und kommen über kleine Hügel aus trockener Erde wieder heraus.

Warum fürchten wir uns manchmal vor Insekten?

Kleine Tiere fressen keine Menschen. Trotzdem können sie uns Angst einjagen. Aber warum?

Ein natürlicher Reflex

Angst ist eng verbunden mit dem Selbsterhaltungstrieb. Mensch wie Tier schätzt ständig Gefahren ein, um zu überleben. Angst ist eine körperliche Reaktion auf eine mögliche Gefahr. Sie entsteht auch, selbst wenn das besagte Insekt nicht gefährlich ist. Es nur zu sehen, kann bereits instinktive Reflexe in uns auslösen, die tief in unseren Genen verankert sind.

Kultureller Einfluss

Filme, Erzählungen und Legenden spielen für unsere Vorstellungskraft eine wichtige Rolle und prägen manchmal unsere Reaktionen auf die kleinen Tierchen. Schaben werden mit Schmutz, Maden mit dem Tod und Spinnen mit Grauen in Verbindung gebracht (wohingegen Marienkäfer für Glück und Schmetterlinge für Seele und Auferstehung stehen!). In der westlichen Welt sind Insekten oft unbeliebt, aber in anderen Teilen der Welt werden sie dagegen verehrt. So trugen im Alten Ägypten die Pharaonen zum Beispiel Schmuck in Form des Heiligen Pillendrehers, auch »Skarabäus« genannt. Und in afrikanischen Mythen ist die Spinne ein Symbol für Weisheit.

Abstand gewinnen

Wir fürchten uns vor Unbekanntem oder Neuem. Wenn wir uns in Ruhe mit den Namen, Gewohnheiten und Eigenschaften der Insekten beschäftigen würden, dann würden wir sie vielleicht spannender finden!

Entdeckst du ein Insekt, das dir Angst einjagt, solltest du dich zuerst fragen, ob von ihm wirklich eine Gefahr ausgeht. Du kannst dir sicher sein, dass es nur sein Leben lebt und dir bestimmt keine Angst machen will!

3

Das Leben der Insekten

Wie kommunizieren sie miteinander? Warum wandern sie? Welche Rolle spielen sie für Natur und Umwelt? Ob als Larve oder Imago: Diese Tierchen haben ein erfülltes Leben und sind sehr wichtig für die Artenvielfalt.

Magische Metamorphose

Insekten durchlaufen wunderbare körperliche
Entwicklungen, bevor sie ausgewachsen sind ...

Vollkommene Metamorphose

Schmetterlinge, Ameisen, Käfer ...

Ei
Der Embryo
entwickelt sich ...

Larve (oder Raupe)
Die Larve sieht nicht aus wie die Imago.
Und ihre Lebensräume und Nahrung
können sich ebenfalls stark voneinander
unterscheiden.

Unvollkommene Metamorphose

Heuschrecken, Libellen, Wanzen ...

Wanderheuschrecke

Ei
Der Embryo
entwickelt sich.

Larve
Es gibt kein Puppenstadium. Wenn die
Larve aus dem Ei schlüpft, sieht sie bereits
aus wie die Imago, hat aber noch keine
Flügel. Ihre Lebensweise ähnelt derjenigen
der Imago. Sie wächst, indem sie sich
mehrmals häutet.

Imago
Die Larve hat
ihre Verwandlung
abgeschlossen und
Flügel entwickelt.

Distelfalter

Puppe

Die Larve bzw. Raupe spinnt sich in einen Kokon ein. Ihre Organe verflüssigen sich und machen Platz für einen völlig neuen Organismus.

Imago

Aus der Puppe schlüpft das Insekt, das nun »Imago« genannt wird.

Unvollkommene Metamorphose als Lebendgeburt

Blattläuse, Schaben ...

Erbsenblattlaus

Larve

Die Metamorphose beginnt nicht mit einem Ei, sondern die Larve wird bereits fertig ausgebildet geboren. Ihre Lebensweise ähnelt derjenigen der Imago. Sie wächst, indem sie sich mehrmals häutet.

Imago

Die Larve hat ihre Verwandlung abgeschlossen!

Die Fortpflanzung

Insekten können sich nicht nur auf eine Art und Weise fortpflanzen und sie müssen auch nicht immer zu zweit sein ...

Zu zweit ...

Gewöhnlich läuft in der Tierwelt die Fortpflanzung **geschlechtlich** ab: Ein Männchen und ein Weibchen paaren sich und pflanzen sich fort.

... oder allein!

Die Weibchen mancher Insekten wie Stabschrecken, Schaben und Blattläuse (aber auch anderer Tiere wie bestimmte Reptilien- und Fischarten) können sich ganz allein fortpflanzen: Das bezeichnet man als Jungfernzeugung (Parthenogenese). Sie produzieren Eier, ohne von Männchen begattet zu werden. Die Nachkommen entstehen somit aus unbefruchteten Eiern.

Wahre Akrobaten

Rücken an Rücken wie die Gemeinen Feuerwanzen oder in Herzform wie die Libellen absolvieren Insekten während der Paarung wahre Akrobatik!

Beispiel Blattlaus

Im Herbst pflanzen sich Blattläuse auf geschlechtliche Weise fort. Die Eier überwintern. Im Frühling und Sommer pflanzt sich das (lebend gebärende) Weibchen allein fort, und nur Weibchen kommen zur Welt. Diese Weibchen gebären wiederum Männchen und Weibchen, die zusammen den Kreislauf von vorn beginnen.

Die Eiablage

Länglich oder rund, weiß oder bunt, in Gruppen oder einzeln ... Die Eier von Insekten gleichen einander nicht immer.

Der Siebenpunkt-Marienkäfer legt ovale, gelbe Eier als kleinen Haufen auf Blättern ab.

Der Admiral legt einzelne winzige grüne Eier auf Blättern ab.

Die Eier der Gottesanbeterin entwickeln sich in einer Art Schutzhülle, die als »Oothek« bezeichnet wird.

Das Weibchen der Wanderheuschrecke verlängert seinen Hinterleib und bohrt damit ein Loch in die Erde. Darin legt es seine länglichen Eier ab.

Bei der Eiablage der Gemeinen Florfliege hängen die Eier an einem Faden.

Die Orchideenmantis kann sich in Orchideenblüten verstecken.

Der Große Wollschweber kann wegen seines bedrohlich aussehenden Saugrüssels für eine Hummel gehalten werden. Dabei ist er ein harmloser Zweiflügler.

Dornzikaden fallen in Rosensträuchern überhaupt nicht auf.

Mit der schwarz-gelben Farbe täuscht die Hainschwebfliege ihre Fressfeinde: Sie verwechseln sie mit einer Wespe.

Die Kupferglucke sieht aus wie ein altes Laubblatt.

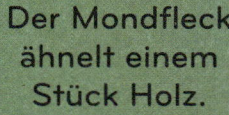

Der Mondfleck ähnelt einem Stück Holz.

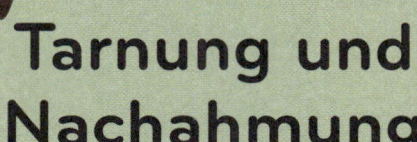

Tarnung und Nachahmung

Um nicht aufzufallen, lassen sich Insekten alle möglichen Dinge einfallen. Manche von ihnen passen ihr Aussehen an ihre Umgebung an. Andere können das Aussehen anderer Arten nachahmen oder ihre Farbe und Form ändern.

Die Raupe des Nachtfalters Hemeroplanes triptolemus ähnelt einer winzigen Schlange.

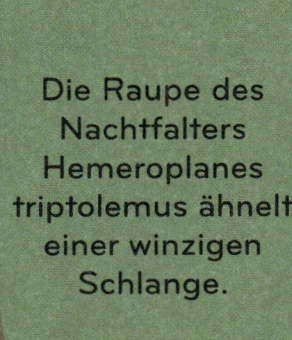

Der Feldmaikäfer entfaltet seine Fühler und nimmt so die Duftstoffe (Pheromone) des Weibchens wahr.

Kommunikation und Verführung

Insekten setzen verschiedenste Mittel ein, um miteinander zu kommunizieren. Sie können wichtige Informationen austauschen und sich zur Paarungszeit gegenseitig verführen.

Ameisen tauschen Informationen aus, indem sie sich gegenseitig mit den Fühlern berühren.

Das Weibchen des Glühwürmchens sendet ein Lichtsignal aus und lockt damit das Männchen an.

Indem das Männchen der
Feldgrille seine Deckflügel
aneinanderreibt, gibt es hohe
Töne von sich. Und dieses
Zirpen lockt das
Weibchen an.

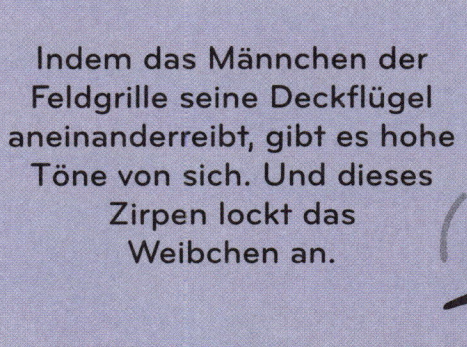

Das Männchen der
Gemeinen Skorpionsfliege
zeigt seine Gefühle, indem
es seiner Angebeteten eine
Fliege schenkt.

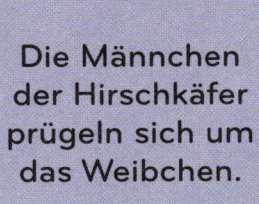

Die Männchen
der Hirschkäfer
prügeln sich um
das Weibchen.

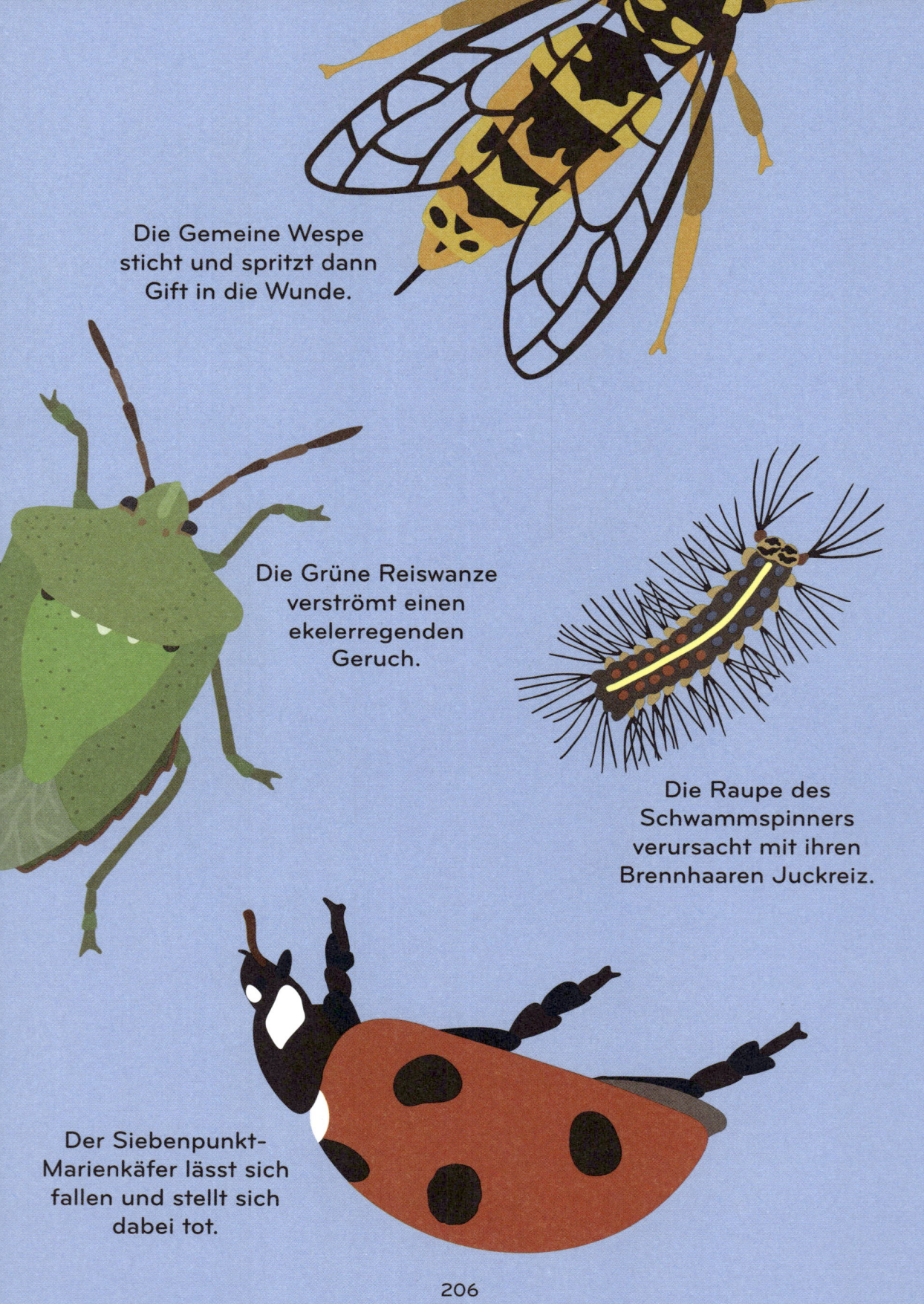

Die Gemeine Wespe sticht und spritzt dann Gift in die Wunde.

Die Grüne Reiswanze verströmt einen ekelerregenden Geruch.

Die Raupe des Schwammspinners verursacht mit ihren Brennhaaren Juckreiz.

Der Siebenpunkt-Marienkäfer lässt sich fallen und stellt sich dabei tot.

Die Gottesanbeterin
schnappt mit ihren
Fangbeinen zu.

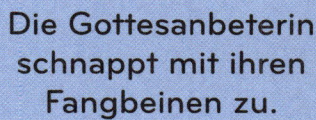

Verteidigungs-
mittel

Insekten sind zwar klein
und sehen verwundbar
aus, aber ihnen mangelt es
nicht an Möglichkeiten,
um sich bei Gefahr
zu verteidigen.

Die Rote
Waldameise
versprüht
Ameisensäure.

Die Punktierte
Zartschrecke wirft
ein Bein ab, um sich
aus den Fängen ihrer
Fressfeinde zu befreien.

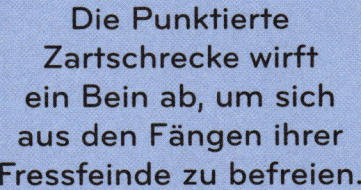

Fressfeinde
von Insekten

Zahlreiche Lebewesen ernähren
sich von Insekten: Vögel,
Eidechsen, Igel, Fledermäuse,
Frösche, Ameisenbären, aber
auch Maulwürfe, Spinnen,
fleischfressende Insekten,
Bären, Dachse, Menschen und
sogar fleischfressende Pflanzen!
Würden die Insekten aussterben,
wäre die ganze Nahrungskette
in Gefahr.

Außergewöhnliche Wanderinsekten

Warum wandern sie?

Vögel ziehen von Ort zu Ort, um auch im Winter genügend Nahrung zu finden. Insekten dagegen wandern wegen der Temperaturveränderung: Da sie Kaltblüter sind, passt sich ihre Körpertemperatur ihrer Umgebung an. Daher müssen sie in andere Gebiete wandern, wenn es zu kalt (oder zu heiß – je nach Region) wird.

Wie finden sie sich zurecht?

Die Insektenwanderung ist immer noch ein relativ wenig erforschtes Phänomen, aber mehrere Theorien sprechen von einer inneren Uhr und einem inneren Kompass, die ihnen ein genaues Gefühl für Zeit und Ort geben. Andere behaupten, dass Insekten sensibel auf das Magnetfeld der Erde, die Konstellation der Sonne und die Windrichtung reagieren.

Kurze oder lange Strecken

Während bestimmte Insekten einige Dutzend oder hundert Kilometer zurücklegen, nehmen sich andere sogar noch weitaus beeindruckendere Strecken vor. Dabei trotzen sie Windböen, überqueren Meere und Berge und fliegen manchmal sogar von der einen Erdhalbkugel zur anderen! Manche können in einer Höhe von über 1000 m fliegen und über 4000 km zurücklegen.

Wie erforscht man sie?

Wanderinsekten zu folgen kann ziemlich schwierig sein, da sie so viele und so klein sind. Doch mit Funkmessgeräten kann man ihren Flugweg aufzeichnen oder Feldforschung betreiben. Kürzlich haben Wissenschaftler große Schmetterlinge (Totenkopfschwärmer) mit winzigen Sendern versehen, um ihre Wanderungen zu erforschen.

Anbringen eines Miniatursenders
an einem Totenkopfschwärmer

Wer fliegt wohin?

① Der Admiral

Die Tiere, die den Sommer in Europa verbringen, wandern im Spätherbst nach Spanien. Die Reise erfolgt über drei Generationen hinweg.

② Die Hainschwebfliege

Im Spätsommer wandern Schwebfliegen Richtung Süden, um dort zu überwintern. Trotz ihrer geringen Größe können sie zum Beispiel auch die Alpen oder den Ärmelkanal überqueren.

③ Der Distelfalter

Die Tiere, die den Sommer in Europa verbringen, begeben sich für den Winter nach Afrika. Die Reise erfolgt über sechs Generationen hinweg.

④ Die Wanderlibelle

Die Tiere, die den Sommer in Nordindien oder Zentralasien verbringen, wandern im Spätherbst nach Ostafrika. Die Reise erfolgt über zwei bis vier Generationen hinweg.

Eine Reise über mehrere Generationen hinweg

Da Insekten meist nur ein kurzes Leben haben, legen sie lange Strecken oft über mehrere Generationen zurück. Bei jedem Abschnitt legen die Imagines Eier ab. Die Larven schlüpfen, werden zu Puppen und schließlich selbst zu Imagines, die den nächsten Streckenabschnitt zurücklegen.

Beispiel des Admiral

① Eine erste Generation von ausgewachsenen Admiralen verlässt im Spätwinter Spanien und erreicht im Frühjahr Mitteleuropa. Ein neuer Kreislauf beginnt.

② Die zweite Generation von Imagines fliegt im Frühsommer nach Nordeuropa. Ein neuer Kreislauf beginnt.

③ Die dritte Generation kehrt im Herbst nach Spanien zurück.

Warum gibt es immer weniger Insekten?

Auf der ganzen Welt sind über 40 % der Insekten vom Aussterben bedroht. Die Hauptgründe für diesen traurigen Umstand sind hier beschrieben.

Bautätigkeiten

Die natürlichen Lebensräume vieler Insekten sind bedroht, da immer mehr Gebäude und Straßen gebaut werden. Zudem werden Wälder für die Holzindustrie gerodet.

Der Goldlaufkäfer verliert immer mehr seinen Lebensraum.

Bestäuberinsekten wie Bienen, Fliegen und Schmetterlinge werden immer weniger, da ihre Nahrungsquellen verschwinden

Dünge- und Insektenvernichtungsmittel

Das Ausbringen von Kunstdünger und Insektiziden gefährdet das Leben zahlreicher Arten, die auf Feldern und Wiesen leben. Denn diese Mittel reduzieren die Pflanzenvielfalt und damit auch die Vielfalt der Insekten.

Mit zunehmender Hitze verschwinden auch immer mehr Wasserstellen, was die Überlebenschancen des Vierflecks verringert.

Klimawandel

Die Temperatur verändert sich auf natürliche Weise im Laufe des Jahres und zeigt den Insekten, wann es zum Beispiel Zeit für die Wanderung oder Fortpflanzung ist. Wegen der Klimaerwärmung, die hauptsächlich auf die Treibhausgase von Verkehr und Industrie zurückzuführen ist, kommen die Temperaturen durcheinander: Die Frühlingsmonate werden immer wärmer und trockener und die Wintermonate immer kürzer. Dadurch wird der Kreislauf der Insekten gestört!

Lichtverschmutzung

Straßenlaternen, beleuchtete Schaufenster sowie Leuchtreklame in der Nacht: Nachtinsekten werden vom Licht angezogen und sterben an Erschöpfung, wenn sie ständig um die Lichtquellen herumfliegen, oder werden leichte Beute von Vögeln und Fledermäusen.

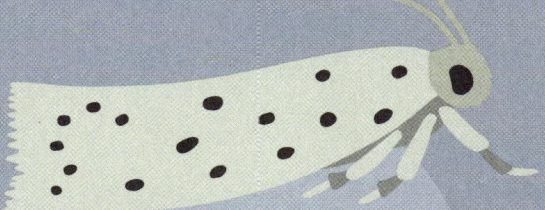

Künstliches Licht sorgt dafür, dass die Pfaffenhütchen-Gespinstmotte jegliches Zeitgefühl verliert.

Warum brauchen wir Insekten?

Sie bestäuben Blüten und spielen eine wichtige Rolle bei der Herstellung von Obst, Gemüse, Kaffee, Tee, Kakao oder auch Baumwolle.

Sie zerlegen pflanzliche und tierische Stoffe in einzelne Bestandteile, bereiten den Boden auf, reichern ihn mit Sauerstoff an und beseitigen Kot.

Sie bieten Nahrung für viele Tiere.

Ein Segen für die Menschheit

Wir verwenden Produkte wie Bienenwachs und Honig sowie die Seide der Seidenspinner.

Sie befreien Gemüsegärten von Blattläusen.

In Asien und Afrika werden sie häufig verzehrt.

Das Auftreten oder die Absenz von Insekten gibt Aufschluss darüber, wie gesund die Umgebung ist.

Hilfe für Insekten

Mit diesen einfachen Handlungen kannst
du zum Schutz von Insekten beitragen.

Beobachte sie,
ohne sie zu stören.

Stell ein Insektenhotel
im Garten auf.

Lass in deinem Garten
ein Stück unberührt und
sorg für Blumenvielfalt auf
deinem Balkon.

Vermeide Pestizide
und Düngemittel.

Nimm zum Schutz des Klimas das Fahrrad.

Vermeide nachts unnötige Beleuchtung.

Verschwende keine Lebensmittel und greif öfter zu Bioprodukten.

Nimm an Aktionen teil und sensibilisiere deine Umgebung für den Insektenschutz.

Für mehr Informationen besuch
die Website www.helvetiq.com!

Male Insekten

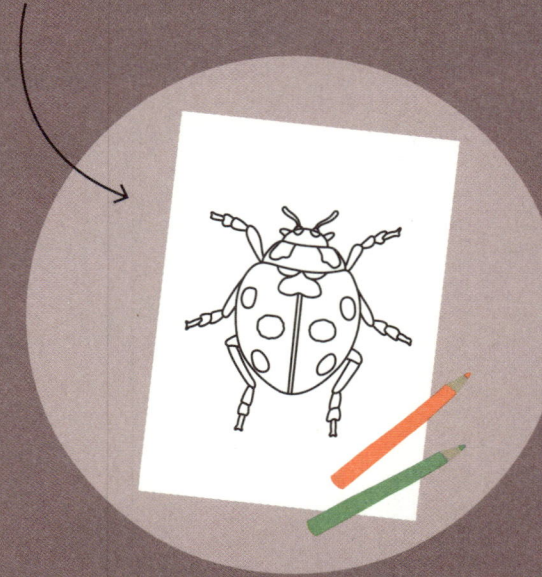

Teste
dein Wissen und
lad ein Memory
herunter

Bau
dein eigenes
Insektenhotel

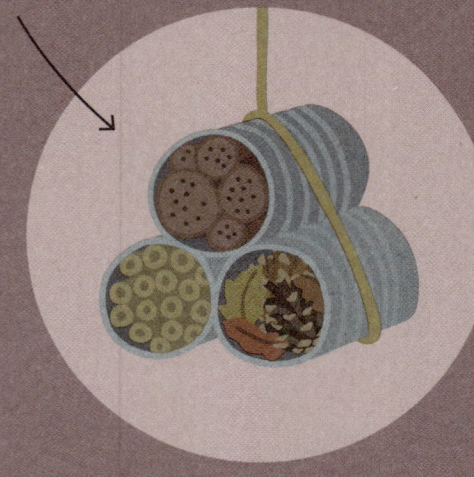

Die Autorin

Ich heiße Lisa Voisard und ich wurde 1992 in Lausanne (Schweiz) geboren. Als Grafikerin, Illustratorin und Musikerin wollte ich schon immer kreativ tätig sein, denn mit Kreativität kann man sich fast grenzenlos entfalten!

Während der Arbeit an *Insektorama* hatte ich das Vergnügen, mir die Natur genauer anzusehen und in die geheime Welt der Insekten einzutauchen. Jedes noch so kleine Lebewesen hat ein Leben, Vorlieben, Gewohnheiten und eine empfindliche Ausgewogenheit, die bewahrt werden muss.

Wenn man die Natur besser kennt, schätzt und achtet man sie auch mehr. Widmen wir ihr daher etwas Zeit, damit wir unsere Umwelt besser verstehen!

Schwalbenschwanzraupe

Danke an ...

Das ganze Team von Helvetiq für sein Vertrauen und seine wertvolle Unterstützung bei der Entstehung und Förderung von *Insektorama*. Aude Pidoux für das Projektmanagement und Claire Couturier für ihre erstklassige redaktionelle Arbeit. Corinne Grandjean für ihr sorgfältiges Lektorat.

Gaël Pétremand, Entomologe, für seine Einsatzbereitschaft, Freundlichkeit, unverzichtbare Hilfe und gute Laune. Die Entomologen Christian Monnerat, Jean-Luc Gattolliat und Yannick Chittaro für ihre zusätzlichen Beiträge.

Malik Beytrison für sein Lektorat und seine wertvolle Unterstützung. Ein paar Insekten in diesem Buch haben wir zu zweit entdeckt.

Meine Eltern und meine Schwester, die mich bei meinen Abenteuern und Lebensentscheidungen immer unterstützen.

Die Insekten ... die mich gelehrt haben, dass Kleines auch sehr groß sein kann!

Maßindex
der wichtigsten Insekten

3
2
1
0
cm

Erbsenblattlaus S. 61
Gemeine Stechmücke S. 135
Rote Waldameise S. 149
Siebenpunkt-Marienkäfer S. 41
Gelbhalsholztermite S. 165
Stubenfliege S. 57
Hainschwebfliege S. 73
Fliegenhaft S. 139
Kohlschabe S. 109
Gemeine Feuerwanze S. 49
Honigbiene S. 21
Gemeine Wespe S. 53
Gemeine Florfliege S. 35
Hausbock S. 31
Ohrwurm S. 45
Punktierte Zartschrecke S. 69

8
7
6
5
4
3
2
1
0
cm

Gemeine Becherjungfer S. 121
Gelbrandkäfer S. 127
Wanderheuschrecke S. 91
Vierfleck S. 131
Schwalbenschwanz S. 101

cm

3
2
1
0

Grüne Reiswanze **S. 65**

Dunkle Erdhummel **S. 87**

Deutsche Schabe **S. 27**

Gemeiner Bläuling **S. 79**

Schwammspinner **S. 145**

Feldgrille **S. 97**

Distelfalter **S. 83**

Admiral **S. 113**

8
7
6
5
4
3
2
1
0

cm

Gallische
Mittelmeer-stabschrecke **S. 159**

Gottesanbeterin **S. 105**

Hirschkäfer **S. 155**

Index

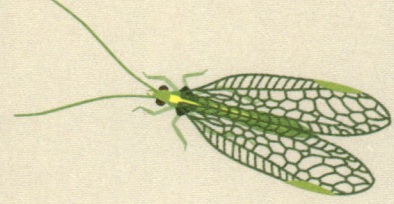